LA BIENHEUREUSE MERE THOURET

La Bienheureuse Mère Jeanne-Antide Thouret

La Bienheureuse
MERE THOURET

Fondatrice

de

L'Institut des Sœurs de la Charité

sous la protection de

SAINT VINCENT DE PAUL

« Dans la Bienheureuse Mère Thouret resplendit une éclatante lumière qui s'impose à notre imitation dans la forme la plus adaptée à nos temps : entre toutes ses vertus brille son immense charité envers le prochain. »

S. S. Pie XI.
9 juillet 1922.

Nouvelle Edition illustrée

ANNECY

IMPRIMERIE COMMERCIALE

1926

LETTRE

DE

MONSEIGNEUR L'EVEQUE D'ANNECY

———

Parmi tant d'admirables figures qu'a vu paraître notre époque, très étrangement troublée depuis la Révolution française, Jeanne-Antide Thouret — que le Souverain Pontife a béatifiée au mois de mai 1926 — brille d'un éclat particulier. Dans les circonstances les plus pénibles et les plus douloureuses qu'une âme puisse connaître, elle a toujours été un modèle d'héroïsme calme et fort. Dévorée, dès son enfance, par l'insatiable désir de se dévouer au bien des âmes pour la plus grande gloire de Dieu, elle a traversé les contradictions les plus redoutables, sans jamais s'arrêter dans la voie d'abnégation, de charité, de dévouement absolu sur laquelle l'entraînait l'Esprit de Dieu. La Révolution, dont elle faillit être la victime, ne fit que la convaincre davantage encore de la nécessité de se donner tout entière aux petits, aux pauvres aux malheureux qu'elle voulait garder ou conquérir à l'amour de Dieu.

Fondatrice d'un nouvel Institut religieux réalisé à force d'efforts et dans les conditions les plus difficiles, aucune opposition — si inattendue et si cruelle qu'elle pût être — ne la découragea jamais. Son zèle trouva même dans ces peines une raison de plus d'agir, de se dévouer sans mesure sur des terrains nouveaux. La flamme de charité, qui la brûlait, lui fit étendre sans cesse davantage son champ d'action. Caractéristique touchante des âmes saintes : c'est le monde entier qu'elle eut voulu embrasser pour que Dieu soit mieux connu et servi, et que Jésus-Christ soit plus aimé par un plus grand nombre d'âmes !

Elle mourut à la tâche et à la peine, mais consolée par les bénédictions divines qui faisaient de la fragile tige plantée par ses soins dans le sol même de l'Eglise et arrosée de ses larmes, un arbre déjà vigoureux, lorsque la mort vint lui ouvrir les portes de l'éternelle patrie.

L'Eglise l'a mise au nombre des Bienheureuses. Elle la présente à tous comme un modèle de ferveur, de fidélité à la grâce, de courage et de force surnaturelle. De tels modèles sont beaux à contempler, à une époque comme la nôtre surtout, qui à côté de tant de grandeurs présente à nos regards tant de faiblesses aussi et de tristes misères. Leurs exemples sont un appel éloquent à cette virilité chrétienne, qui

*pourra seule, par la vertu de l'Esprit Saint, regé-
nérer notre temps et l'arracher aux dangers qui
le menacent.*

*Cette nouvelle édition de la Vie de la Bien-
heureuse Jeanne-Antide Thouret vient donc à
son heure. Elle portera des fruits. Je me réjouis
du succès dont elle est assurée. Je félicite de
nouveau l'Auteur de son œuvre : elle est une
bonne œuvre en même temps qu'une belle œuvre. Je le bénis de tout mon cœur !*

† FLORENT-MICHEL-MARIE,
Évêque d'Annecy.

Annecy, ce 15 décembre 1926.

I.

La Fondatrice

LA BIENHEUREUSE MERE THOURET

CHAPITRE PREMIER

I.

LA PRÉPARATION

Au nord-est de Besançon au fond d'un riche et magnifique vallon des montagnes du Jura, dominé par la sombre silhouette d'un château-fort, couronné par des sommets aux grottes mystérieuses, se trouve le petit village de Sancey-le-Long. C'est là que naquit, le 27 novembre 1765, Jeanne-Antide Thouret. Son père, Jean-François, était marchand tanneur et exploitait un petit domaine agricole. Il avait reçu la bénédiction accordée aux patriarches : son foyer devait s'égayer de neuf enfants chéris. Jeanne-Antide était le cinquième. « Ses parents, nous dit sa nièce et confidente Sœur Rosalie, furent bien réjouis à sa naissance, parce qu'ils avaient des fils et pas de fille. »

Lorsque Dieu a des desseins sur une âme, il se plaît à la préparer dès l'enfance à ce qu'il attend d'elle. De très bonne heure, Jeanne-Antide ressentit cette providentielle influence. Destinée au soin des pauvres et des malades, il fallait qu'elle se formât à la compassion, à la bonté, à l'abnégation, au dévouement. Les occasions ne lui manquèrent pas. Venue au monde avec une complexion délicate elle ne passa guère de jours sans éprouver quelque douleur. Aux souffrances physiques vinrent s'ajouter les épreuves morales. Elle dut veiller de longs mois au chevet de sa mère malade, et, malgré les soins que sa piété filiale lui apporta, elle eut le chagrin de la perdre, ayant à peine quinze ans. A la maison, il y avait une servante « immorale et voleuse » qui cachait ses vices sous des dehors pieux et qui, plusieurs fois, tenta d'initier la jeune fille à ses vilains procédés. Jeanne en souffrit beaucoup ; mais elle sut se garder contre la tentation. La vue du mal augmenta son estime et son amour pour la vertu : elle fit dès ce moment le vœu de chasteté perpétuelle.

On grandit vite à l'ombre de la croix. A cet âge où tant de jeunes filles ne pensent qu'aux amusements et aux folles vanités du monde, Jeanne-Antide ne songea plus qu'à la vie parfaite. Elle dédaignait les fréquentations et les conversations inutiles : elle faisait de longues

Jeanne-Antide fait le vœu de chasteté

stations à l'église, abîmée dans la prière ; souvent elle disait à celle qui l'avait tenue sur les fonts du baptême « Marraine, je veux aller au couvent. »

Cependant ses goûts pour la prière, le silence et la retraite, ne l'empêchaient pas de s'acquitter avec exactitude des devoirs d'état que lui imposaient l'absence de sa mère et les besoins d'une famille nombreuse. « Elle était, dit Sœur Rosalie, comme la mère de ses frères, d'une jeune sœur, d'un oncle, d'une tante et des domestiques, les assistant en santé et en maladie. Les aimant en Dieu, elle se préoccupait de leur âme aussi bien que de leur corps. »

Du reste, sa piété était faite de bonté et d'indulgence. Lorsqu'elle conduisait au pâturage le bétail de son père, elle refusait, il est vrai, de se mêler aux jeux des autres bergères, mais en revanche, elle se chargeait volontiers de les remplacer et de surveiller leurs troupeaux avec le sien. Quand des pauvres frappaient à la porte de ses parents, son cœur se fondait dans sa poitrine : il n'est pas de privations qu'elle ne s'imposât pour les secourir ; elle se montrait pour eux pleine de compassion, leur adressant toujours, avec un bon sourire, la parole de réconfort qui double le prix de l'aumône.

De si précieuses qualités ne pouvaient rester longtemps inaperçues du curé de la paroisse. Le zélé pasteur connut bien vite le trésor

que Dieu mettait à sa disposition. Il la désigna
aux jeunes filles de son troupeau, la leur proposa pour modèle et leur conseilla de la fré-
quenter le plus possible. Le conseil fut ponc-
tuellement suivi : Jeanne-Antide se vit bientôt
entourée de nombreuses compagnes auxquelles
elle donnait de salutaires conseils et avec lesquelles elle visitait les pauvres.

II.

LA VOCATION

Ainsi façonnée par la souffrance et par
l'exercice de la charité, la jeune fille était prête
à répondre à l'appel de Dieu. Elle fit donc connaître au directeur de sa conscience sa volonté
d'aller au couvent. Le prêtre ne se rendit pas
tout d'abord à ses désirs, il lui conseilla de
rester dans le monde pour l'édification de sa
famille et de sa paroisse : il voulait sans doute
éprouver sa vocation.

Elle se buta aussi à l'opposition de son père.
Celui-ci partageait les préjugés de beaucoup de
parents chrétiens au sujet de la vocation de
leurs enfants à la vie religieuse. Ces parents
conviennent de la perfection des conseils évan-
géliques, de la place importante et nécessaire
que les religieux occupent dans la société chré-

tienne, du grand bien qu'ils y font, du vide
affreux qui s'y produirait s'ils venaient à dis-
paraître ; ils savent que Jésus lui-même a voulu
cet état, et, qu'aux yeux de la foi, c'est un
honneur, une grâce insigne d'avoir reçu d'en-
haut cette vocation, une bénédiction pour la
famille, quand Dieu y choisit ses disciples pri-
vilégiés ; et pourtant, par une étrange contra-
diction, ils redoutent cette belle vocation pour
leurs enfants et se garantissent contre elle par
des précautions qui ressemblent à des mesures
sanitaires ; il en est qui essayent de tuer le
germe, d'en faire avorter la floraison en exci-
tant chez leurs fils et leurs filles le goût du
monde et en exposant leur vertu. « C'est une
lourde responsabilité pour des parents chrétiens,
disait Mgr d'Hulst, que d'entraver une vocation ; c'en est une plus lourde peut-être de
l'étouffer. Si l'enfant persévère, c'est Dieu qu'ils
auront combattu, mais si l'enfant cède et aban-
donne sa voie, leur malheur est plus grand, car
c'est Dieu qu'ils auront vaincu. »

François Thouret était de ceux-là. Il refusa
catégoriquement à sa fille l'autorisation de partir. Pour changer ses idées il employa tour à
tour les caresses, les promesses, les mauvais
traitements. Il lui proposa même quelque jour
un riche mariage. Elle recula d'horreur et répondit avec une noble énergie qu'elle refuserait
même la main d'un roi, qu'elle ne voulait pas

d'autre époux que Jésus-Christ, qu'elle aspirait à une seule chose : se consacrer au service de Dieu et des pauvres dans une congrégation de religieuses hospitalières. Devant cette fière attitude, le père se tut, mais il continua de recourir à tous les moyens possibles pour la détourner de son projet. Jeanne demeura inébranlable, attendant avec confiance le jour de la Providence. « Ce jour-là, disait-elle, je le désire, non pour fuir les peines que je pourrais rencontrer dans une autre situation ; je le désire pour souffrir et pour apprendre à souffrir utilement en vue de ma sanctification. »

Quel beau modèle pour les âmes qui croient entendre le céleste Époux les appeler à une vie plus parfaite et qui rencontrent les difficultés pour répondre à sa voix ! Qu'à l'exemple de Jeanne-Antide elles attendent l'heure de la Providence sans se décourager jamais, persévérant dans la prière et dans l'accomplissement fidèle de tous leurs devoirs. Cette heure sonnera pour elles, comme elle sonna pour notre héroïne.

Un jour, la jeune fille accompagnait son père dans un de ses voyages d'affaires à Besançon. François Thouret descendait d'ordinaire chez un prêtre de ses amis qui était aumônier des Carmélites. Jeanne eut l'idée de confier à ce ministre de Dieu son état d'âme et ses projets. Après une courte conversation, le vénérable vieillard lui avoua qu'il la croyait appelée à la vie religieuse.

Elle revint triomphante à son curé et lui raconta l'aventure. Celui-ci, voyant à n'en plus douter que Dieu appelait décidément cette enfant, lui parla alors d'une communauté où elle se trouverait dans sa vocation. « Mais, ajouta-t-il, il vous faudrait aller bien loin et quitter le pays sans espoir de retour. » — « N'importe, lui répondit-elle aussitôt, je suis prête à tout et, s'il le faut, j'irai jusqu'aux extrémités du monde. »

On ne peut s'empêcher ici de se reporter au début du xv⁰ siècle dans un obscur village de Lorraine, où une petite bergère gardait les troupeaux de son père à la lisière du Bois Chenu. « Jeanne ! Jeanne ! murmuraient à ses oreilles des voix célestes, quitte la houlette et ton troupeau pour aller sauver ton pays. » De retour au foyer, l'enfant troublée contait naïvement ses projets. « Comment, lui disaient les siens, comment, toi, Jeanne ! nous quitter ? » — « Dieu le veut ! répliquait-elle. Quand j'aurais cent pères et cent mères, quand je devrais user mes jambes jusqu'aux genoux, je partirais. »

Des âmes de cette trempe, nous devons les saluer avec émotion : Dieu les réserve pour en faire de puissants instruments de sa gloire.

III.

CHEZ LES FILLES DE LA CHARITÉ

Le curé de Sancey informa François Thouret de la décision prise et lui demanda, au nom de Dieu, de cesser toute opposition. Celui-ci était doué d'un grand esprit de foi : il s'inclina devant le jugement de son pasteur et consentit au départ de sa fille.

La communauté à laquelle le Seigneur appelait Jeanne-Antide était celle des Filles de la Charité de Paris. Le départ se prépara dans le secret de la famille. L'heureuse aspirante sortit un soir de la maison après avoir reçu la bénédiction de son père en larmes et prit la route de Langres où les Sœurs de saint Vincent de Paul dirigeaient un hôpital. Son père vint l'y rejoindre, lui remit la dot convenue et prit congé d'elle pour ne plus la revoir en ce monde. Jeanne-Antide implora une seconde fois la bénédiction de son père et lui demanda pardon pour les aumônes qu'elle avait distribuées en secret aux pauvres et pour les fautes qu'elle avait pu commettre contre lui. Les adieux furent touchants. Quiconque a dû quitter son foyer, sait combien sont amères les larmes de la séparation. Mais c'est le premier renoncement que Dieu exige des âmes qui viennent à Lui, en attendant qu'Il les plonge et les épure, au noviciat, dans le creuset du sacrifice total : « Si le grain de froment n'est jeté en terre pour y mourir, a dit Jésus, il ne germera point pour une abondante moisson. » (Jean, XII, 24).

Jeanne-Antide ne séjourna pas longtemps à Langres ; le 1ᵉʳ novembre 1787, elle arrivait à Paris et entrait au noviciat ds Filles de la Charité. Quelques jours après, un prêtre avec qui elle s'était trouvée dans la diligence vint prendre de ses nouvelles. A son départ, il dit à la maîtresse des novices : « Je vous recommande Mlle Thouret, elle m'a bien édifié pendant le voyage. »

Chez les Filles de saint Vincent de Paul, on soumet les novices à des travaux humbles et pénibles, afin de les éprouver. La jeune postulante dut subir cette épreuve comme les autres. On ne tarda point à s'apercevoir qu'elle possédait de réelles aptitudes pour toutes les fonctions de l'Institut. Le lendemain de son arrivée, la supérieure lui avait posé cette question : « Que savez-vous faire ? » Elle avait répondu : « Je ne sais rien faire. » Mais, après peu de jours, sa maîtresse pouvait lui dire : « Mon enfant, selon vous, vous ne savez rien faire ; reconnaissez plutôt que vous savez tout faire. » L'humble fille n'en continua pas moins à se croire la plus ignorante de ses compagnes. Elle

La Bienheureuse demande la bénédiction de son père

avait compris que l'humilité est la clef d'or de la vie religieuse.

Cet esprit d'humilité n'empêchait pas une sage initiative. Jeanne-Antide savait lire ; mais sa tante, pensant qu'il était nuisible aux jeunes filles de savoir écrire, ne l'avait point initiée à cet art précieux entre tous. Elle demanda donc et obtint qu'on lui donnât quelques leçons d'écriture. Elle fit de si rapides progrès, qu'elle fut bientôt capable d'écrire elle-même de longues lettres à sa famille étonnée. En se livrant à cette étude, elle ne recherchait pas son avantage personnel ; son but était de se rendre plus apte à procurer la gloire de Dieu. La Providence préparait ainsi à ses fonctions celle qui devra plus tard traiter avec les grands de ce monde des intérêts d'une importante congrégation et tracer à ses filles, d'une façon si lumineuse, la voie de leur sainte vocation.

Les premiers mois furent très pénibles pour la jeune postulante. L'odeur du charbon à la lingerie où elle était souvent occupée, les longs exercices de piété, des refroidissements dont elle fut saisie à plusieurs reprises ; toutes ces causes réunies altérèrent bientôt sa frêle santé au point qu'au bout de sept mois on fut sur le point de la renvoyer. Devant cette épreuve, la pauvre enfant allait souvent à la chapelle supplier le bon Maître de la guérir : « Je vous prie, lui répétait-elle, d'avoir pitié de moi ; je suis contente de souffrir, mais je crains de perdre la vocation que vous m'avez donnée. Faudrait-il donc y renoncer, après avoir surmonté tant d'obstacles pour y parvenir ? Guérissez-moi, je vous en prie, j'attends cette faveur de votre toute-puissante et infinie bonté. » En tardant de l'exaucer, Dieu ne voulait pas l'abandonner ; il la mûrissait pour l'œuvre à laquelle il la destinait ; il lui présentait comme goutte à goutte le calice d'amertume, en attendant qu'elle fût assez forte pour y boire à longs traits. Il eut enfin pitié de sa fidèle servante ; il inspira à une sœur de la pharmacie de s'occuper de la malade, et la guérison se produisit en quelques jours, au grand étonnement de la communauté.

Notre postulante put recevoir le saint habit en octobre 1788, onze mois après son départ de Sancey-le-Long. En lui présentant le crucifix, la supérieure lui dit : « Voilà votre modèle. Quand vous aurez des peines, mettez-les à ses pieds. » Cela, elle eut à le faire toute sa vie. On l'envoya successivement à l'hôpital de Sainte-Reine, en Bourgogne, autant pour se soigner elle-même que pour soigner les autres, puis à Langres, où l'air du pays pouvait être favorable à sa santé, et de là à Sceaux qu'elle demanda à quitter, parce qu'un gentilhomme des environs s'était permis de lui offrir sa main. C'était la seconde fois que lui arrivait pareille aventure : « Je suis à Dieu et ne veux être qu'à lui », avait-elle ré-

pondu. Elle fut ensuite envoyée à l'hôpital des
Incurables, à Paris. Mais on était en 1791 ; la
Révolution avait déjà éclaté, et, les prêtres fidèles ayant été remplacés par les intrus, les sœurs
eurent beaucoup à souffrir de la part de ces derniers ; elles restèrent plusieurs mois sans messe
et sans sacrements. On finit par les expulser et
la sœur Thouret fut alors dirigée sur l'hôpital de
Bray, en Picardie. Au mois d'avril 1792, les révolutionnaires envahirent l'établissement et se mirent à la recherche des religieuses, pour leur arracher le serment constitutionnel schismatique.
Sœur Jeanne-Antide s'esquiva par dessus les
murs ; malheureusement, elle fut découverte et
poursuivie par un forcené qui la brutalisa et, d'un
coup de crosse, lui enfonça une côte. Elle souffrit cruellement de sa blessure ; mais elle n'a-
vait point apostasié ! Elle pouvait « mettre aux
pieds de son crucifix » et sa peine et sa victoire.

De retour à Paris, au plus fort de la tempête,
ses supérieures eurent tant de confiance en sa
vertu éprouvée et en sa prudence, qu'elles l'ha-
billaient souvent des ornements sacerdotaux
pour les lui faire porter à des prêtres fidèles
cachés dans différents points de la capitale.
Grande et mince, elle mettait une robe légère
par dessus les vêtements sacrés et marchait
ainsi, à travers l'agitation des rues, pleine de
confiance en Dieu qui la protégea toujours visi-
blement et ne permit jamais qu'on la découvrît.

Mais la vie n'était pas tenable à Paris pour les communautés ; les scènes les plus horribles y portaient la désolation et la mort. Les filles de saint Vincent de Paul, si populaires pourtant jusqu'alors, se voyaient accablées de toutes façons par ceux-là mêmes dont elles avaient secouru les misères. D'ailleurs, en novembre 1793, la Convention mit fin à cette situation en décrétant la dissolution de tous les ordres religieux et en prescrivant à leurs membres de rentrer dans leur famille

Avant de quitter la capitale, Sœur Jeanne-Antide, qui n'avait déjà plus le saint habit, fut un jour appelée au parloir. C'était un député à la Chambre nationale, originaire de son pays, jeune homme très riche et doué de brillantes qualités, qui venait la demander en mariage, parce que, disait-il, les couvents étaient fermés et les vœux de religion abolis à tout jamais. La réponse de la sœur fut nette. « Quoi qu'il arrive, dit-elle, je suis décidée à me considérer comme religieuse le reste de ma vie. Je suis vouée à Dieu pour toujours et je souffrirai la mort plutôt que de me marier. La liberté dont vous me parlez et les pénibles circonstances dans lesquelles nous nous trouvons, m'attachent plus fortement encore à ma sainte vocation. » Le député, subjugué par la fermeté et la noblesse de cette épouse du Christ, n'ajouta pas un mot : il sortit en saluant avec respect.

IV.

PENDANT LA TOURMENTE

Jetée impitoyablement dans la rue sans ressources, sans abri, Sœur Jeanne-Antide songea à reprendre le chemin de la Franche-Comté. Elle s'en alla, mendiant de village en village, mal vêtue, mal chaussée et fit ainsi, à travers des populations hostiles, un voyage de 320 kilomètres. Elle arriva à Besançon les pieds en sang, les vêtements en lambeaux, après avoir essuyé la faim, le froid, les humiliations de tous genres. Ni plaintes ! Ni murmures ! Elle s'était établie, comme son Père saint Vincent de Paul, en l'abandon complet aux vouloirs de la Providence.

Arrivée à Besançon, elle alla demander asile à Mme de Vannes, sœur d'une de ses compagnes de Paris, et se reposa quelques jours dans cette maison amie. Pendant ce temps, elle écrivit sa détresse à sa marraine, qui s'empressa de faciliter son retour à Sancey. Son frère aîné, Joachim Thouret, était devenu le chef du parti de la Convention dans la localité. Elle lui fut présentée : en la voyant, le farouche révolutionnaire se prit à pleurer et lui offrit de la loger chez lui. Mais Sœur Jeanne-Antide, après quel-

La Bienheureuse trempe son mouchoir dans le sang
du Père Antoine Lacour, guillotiné par les révolutionnaires

ques jours, se décida à retourner à Besançon pour y passer l'hiver.

Elle reçut encore l'hospitalité chez Mme de Vannes. Son cœur, qui ne palpitait que pour la foi et l'Eglise, trouvait un bonheur extrême à visiter et soulager les dignes Confesseurs de la foi gémissant sous le coup de la persécution. Sa plus grande consolation était de pouvoir se confesser et de recevoir de leurs mains la sainte Communion. Parmi ces saints prêtres, se trouva un de se scompatriotes le Père Edmond-Antoine Lacour, capucin, qui fut condamné à mort et eut la tête tranchée le 9 mars 1794, sur la Place St-Pierre. Peu après l'exécution on vit la vaillante Jeanne-Antide venir sur les lieux et tremper, avec vénération, un linge dans le sang du martyr, puis suivre le char qui emportait sa dépouille mortelle.

Au mois de juin 1794, apprenant que le curé constitutionnel de Sancey venait de quitter le pays, elle retourna dans sa paroisse natale. Elle se retira chez sa plus jeune sœur, Jeanne-Barbe, comptant y vivre dans la sollitude et le recueillement, jusqu'à ce qu'une occasion favorable se présentât pour aller chercher en Suisse cette vie religieuse qu'elle ne pouvait plus trouver en France. Laissons-la nous rendre compte elle-même de l'emploi de son temps pendant les quinze mois qu'elle passa à Sancey-le-Long :

« Peu après mon arrivée, dit-elle, survint

une épidémie dans mon village et aux alentours ; chacun réclamait mes soins pour les malades, et je crus devoir les secourir.

« En même temps, comme l'on voulait établir des écoles constitutionnelles pour enseigner aux enfants une doctrine perverse, j'ouvris une école gratuite où je reçus les filles et les garçons en grand nombre. Je leur apprenais à lire et les instruisais de leurs devoirs de religion et de leurs fins dernières. -

« Après l'école du matin, j'allais visiter les malades de la paroisse, et après celle de l'après-midi, je me rendais à deux ou trois lieues, là où se trouvaient les malades qui réclamaient mes soins et mes secours.

« J'arrivais chez eux à la fin du jour et parfois même le soir avancé, je les assistais dans leurs besoins ; ensuite, je prenais deux ou trois heures de repos. Je me remettais en route de manière à rentrer chez moi à la pointe du jour pour recevoir mes élèves.

« Je marchais seule, en hiver comme en été, je traversais des bois, des vallées et même des montagnes, par la chaleur, la pluie, le froid ou la glace et je marchais ainsi pour l'amour de Dieu et du prochain ; jamais il ne m'est arrivé d'accidents fâcheux.

« Je recevais chez moi les prêtres catholiques, afin de les dérober aux poursuites des révolutionnaires ; quelquefois je les conduisais pendant la nuit auprès de mes malades pour leur faire administrer les derniers sacrements ; il m'est arrivé de passer trois jours et trois nuits de suite sans pouvoir me donner le moindre repos.

« N'ayant aucun loisir de préparer le plus petit repas pour moi, je mangeais un morceau de pain, chemin faisant. Lorsqu'on me donnait un peu de vin ou de liqueur, je le gardais pour les pauvres qui se réfugiaient chez moi.

« Tous les jours de dimanches et de fêtes de précepte, je rassemblais chez moi les bons catholiques, afin de sanctifier avec eux ces saints jours. Quelquefois, de concert avec un ou plusieurs prêtres inassermentés, ces bonnes gens se rendaient chez moi la nuit pour entendre la messe et s'approcher des sacrements. Dieu aidant, il n'arriva jamais aucun mal à ces ecclésiastiques, mais je payais pour tous... »

En effet, Sœur Jeanne-Antide fut dénoncée à Baume-les-Dames, d'où l'on envoya des commissaires pour l'interroger. Quand ils arrivèrent, elle faisait la classe. Ils la citèrent à comparaître devant eux dans une hôtellerie où ils s'étaient installés. Elle refusa d'interrompre sa leçon, mais elle promit de se rendre à leur sommation dès qu'elle aurait congédié ses élèves. Elle fit comme elle avait dit. A l'heure habituelle, elle renvoya son petit monde et s'en alla très calme à l'hôtellerie où l'attendaient les

La Bienheureuse devant le tribunal révolutionnaire proclame
que son enseignement sera toujours conforme à l'Evangile

commissaires : « Je vais à la fête, dit-elle à ses voisins alarmés ; soyez tranquilles. C'est la cause de Dieu ; Il la défendra. »

Sœur Rosalie, son premier biographe, rapporte le dialogue qui s'engagea alors entre sa tante et les commissaires :

— « Qu'as-tu lu dans une assemblée ?

— J'ai lu l'Evangile et les prières.

— Tu sais que les assemblées sont interdites !

— Je sais que Dieu ne les a pas défendues. Il a dit que quand deux ou trois personnes se rassembleraient en son nom, il serait au milieu d'elles ; à plus forte raison si l'on est en plus grand nombre.

— Les lois prohibent ces assemblées.

— Etant chrétienne par la grâce de Dieu, je connais sa loi qui me commande de ne point me conformer aux lois des hommes qui sont contraires à la sienne.... de confesser ma foi au nom de Jésus-Christ, au péril de ma vie.

— Quel enseignement donnes-tu à la jeunesse ?

— Je lui apprends le catéchisme chrétien, je lui enseigne à connaître Dieu, à le prier, à le servir...

— Mais tu dois instruire la jeunesse comme le veulent les lois actuelles.

— Je lui donne l'enseignement que j'ai reçu

moi-même et qui est conforme à la loi de Dieu
et de la sainte Eglise...

   — Tu te conformeras aux lois ou tu verras !

   — C'est Dieu que je dois craindre : les hommes peuvent tuer mon corps, ils ne peuvent ôter
la vie à mon âme. »

Ce mépris de tout subterfuge, cette héroïque
simplicité auraient dû perdre la Mère Thouret :
il n'en fut rien : les commissaires se contentè-
rent de la menacer, puis ils partirent.

Mais elle eut à subir d'autres assauts. Les
médecins, jaloux de sa popularité auprès des
malades, la dénoncèrent à leur tour. On fit une
enquête. Les autorités du pays, reconnaissan-
tes des services qu'elle rendait aux pauvres,
prirent sa défense et l'affaire se termina à
l'honneur de la servante de Dieu. Toutefois, afin
de se mettre en sûreté, elle suivit le conseil d'un
prêtre de la localité et se fit délivrer par l'autorité communale un certificat qui lui permit de
continuer sa mission charitable.

Quelques temps après, ayant été accusée va-
guement d'avoir dit « quelque chose qui pourrait être dangereux pour la patrie », elle fut
arrêtée et enfermée : mais cette fois encore, on
la remit en liberté à cause des services qu'elle
rendait aux malades et aux enfants. Les dangers qui la frôlaient à chaque instant, les espions
qui rôdaient autour de sa demeure, ne réussis-

saient pas à l'intimider ; les terroristes du lieu,
ayant coiffé d'un bonnet rouge un grand crucifix,
elle alla retirer l'emblème révolutionnaire et le
mit en lambeaux.

Après le 9 thermidor, la Terreur s'apaisa peu
à peu : à Sancey-le-Long, l'esprit de la popula-
tion se montrait favorable au retour des prêtres
et à la restauration du culte. Au printemps de
1795, le curé légitime put rentrer dans sa paroisse, où une humble religieuse avait, pendant
les jours troublés, conservé la lumière de la foi
et la pratique de la religion. « Madame Antide,
dit-il à la Sœur Thouret, je vous ai de grandes
obligations, vous avez bien soutenu mes parois-
siens pendant mon absence, vous avez été curé et
vicaire. »

Dès lors, il sembla à Sœur Jeanne-Antide que
son rôle auprès de ses compatriotes était ter-
miné. D'autre part, la vie de communauté lui
manquait ; c'était l'incessant tourment de son
âme ; elle était née pour le joug de l'obéissance,
de la pauvreté, de la chasteté et de la charité.
Elle quitta donc Sancey pour aller le chercher
dans la SOCIÉTÉ DE LA RETRAITE CHRÉTIENNE que
le P. Receveur venait de fonder et qui s'était
établie dans le canton de Fribourg. Elle parti-
cipa à toutes les tribulations de cet ordre nais-
sant, dont les membres durent fuir devant les
armées françaises victorieuses en Suisse d'a-

bord, puis en Allemagne et en Autriche. Mais elle ne trouva point dans cette association ce qu'elle cherchait : aussi, bien qu'elle en observât la règle, elle ne voulut pas s'y lier par la profession. Un irrésistible attrait de Dieu la pressa bientôt de rentrer dans son pays et de s'y dévouer au relèvement des ruines accumulées par la Révolution. Elle quitta dons le P. Receveur et se mit en route pour la France.

Après bien des journées de marche en pays étranger, elle arriva, le 24 juin 1797, au village de Landeron près de la frontière française. Un jour, qu'au cours de son périlleux voyage, elle avait supplié Dieu avec plus de ferveur qu'à l'ordinaire de ne point l'abandonner, mais de l'inspirer et de la conduire, elle avait entendu une voix intérieure lui dire : « Courage, ma fille : va toujours, et je te ferai connaître ce que je veux que tu fasses ; car je veux me servir de toi pour de grandes choses. » Le moment était venu pour Dieu de lui « faire connaître sa volonté ». Au Landeron, Sœur Jeanne-Antide rencontra des prêtres de Besançon qui, préoccupés de la situation religieuse de leur diocèse, lui proposèrent d'y fonder des écoles et d'en confier la direction à des jeunes filles formées par elle.

Elle raconte elle-même comment elle se défendit de former des religieuses. « J'ai grandement besoin d'être formée moi-même, dit-elle, et d'être dirigée par d'autres. » Mais les ecclésiastiques présents, parmi lesquels étaient l'abbé de Chaffoy, vicaire général, et l'abbé Bacoffe ancien curé de St-Jean-Baptiste de Besançon, insistèrent pour qu'elle acceptât. La Révolution avait fermé ou détruit les églises et les couvents; tout était à refaire ; du côté de l'éducation des enfants pauvres surtout, un vaste champ d'action s'ouvrait au bonnes volontés. Sœur Jeanne-Antide, rentrée dans son pays, consulta son confesseur qui l'encouragea à entreprendre l'œuvre qu'on lui proposait. Elle s'y décida donc, et ce fut dans son village natal de Sancey qu'elle ouvrit sa première école.

Le 4 septembre 1797, éclatait la révolution dite du 18 fructidor, dirigée à la fois contre les jacobins et les catholiques ; les prêtres se cachaient et l'on exigeait le serment des personnes vouées à l'enseignement. Sœur Thouret ne fut pas oubliée. Deux révolutionnaires vinrent lui demander le serment exigé par la loi. Elle leur répondit fièrement : « Pourquoi le prêterais-je ? — Parce que vous enseignez. — Me donnez-vous un salaire pour mon enseignement? Je ne reçois rien au nom de la loi ; par conséquent, vous ne pouvez rien me réclamer au nom de la loi. D'ailleurs, sachez que je ne ferai jamais ce serment ; j'aimerais mieux mourir. — Mais vous êtes émigrée ; la commission militaire doit vous fusiller. Faites votre soumission et vous serez épargnée. — Ma conscience me le défend et je ne veux obéir qu'à ma conscience.

— Vous serez homicide de vous-mêmes ?

— C'est vous qui serez homicides de mon corps : quant à moi, je ne veux pas l'être de mon âme.

Aux premiers siècles de l'Eglise, on n'obtenait pas des martyrs une réponse plus fière ni plus énergique !

Les persécuteurs de Sœur Jeanne-Antide se retirèrent ; mais ils lui laissèrent comprendre qu'ils étaient bien résolus de recourir aux plus sévères rigueurs. Sur le conseil de son confesseur, elle quitta donc le village et, pendant plusieurs mois, se cacha tantôt dans des maisons amies, tantôt au fond des bois. Cependant, ceux-là mêmes qui l'avaient obligée à fuir, pris de repentance, la rappelèrent bientôt. L'œuvre de ses rêves et de son cœur allait enfin se réaliser.

II.

Fondation
et premiers développements
de l'Institut

CHAPITRE DEUXIEME

I.

LA FONDATION

Au mois de février 1799, Sœur Jeanne-Antide se rendait à Besançon pour se procurer des remèdes. Elle revit alors M. Bacoffe, le curé de St-Jean-Baptiste, dont elle avait fait la connaissance au Landeron. Celui-ci lui rappela ses engagements passés et lui dit que le moment était venu de commencer son œuvre. La future fondatrice régla promptement ses affaires à Sancey et revint à Besançon pour être l'humble instrument de la Providence. Le 11 avril, elle ouvrait une école gratuite pour les petites filles dans la rue des Martelots. Ce jour-là restera à jamais sacré dans les fastes de l'Institut. C'est là son vrai point de départ. Le grain de sénevé va devenir un grand arbre aux rameaux puissants sur lesquels s'abriteront les oiseaux du ciel ; le mince filet d'eau, qui s'échappe comme en silence des flancs de la montagne, va se développer dans la plaine en un fleuve majestueux qui portera la fertilité sur toutes les terres de son parcours. Dieu est admirable : Il se sert de causes très secondaires pour produire des effets grandioses, de faibles instruments pour en tirer sa gloire ; d'une jeune fille obscure, il va faire la mère d'une nombreuse et glorieuse Famille.

L'école eut aussitôt un grand succès. Sœur Jeanne-Antide était toute seule au début pour donner l'instruction ; mais, elle le dit elle-même, « Dieu bénit ses efforts et ses désirs pour le bien ». Après quelques mois, quatre jeunes filles se présentèrent pour la seconder. Ce concours inattendu lui permit d'organiser, à côté des classes, une pharmacie et l'œuvre du « bouillon » en faveur des pauvres et des malades.

Sœur Thouret se dépensait, se prodiguait et gagnait tous les cœurs. Elle n'avait pas encore repris le costume religieux, mais le peuple ne s'y trompait point, il devinait la bonne Sœur, comme on sent à ses parfums la violette cachée sous le buisson. Toute sa personne, d'ailleurs, respirait une attirante bonté. « Je n'ai jamais senti d'affection que pour la bonté rendue sensible dans les traits du visage, disait Lacordaire. Tout ce qui ne l'a pas me laisse froid, même les têtes où respire le génie. Mais le premier homme venu qui me cause l'impression d'être bon, me touche et me séduit » ; et il ajoutait : « La bonté est ce qui ressemble le plus à Dieu et ce qui désarme les hommes. » Aussi quand la Sœur traversait les rues, ces rangs du peuple naguère si menaçants pour elle, on l'y vénérait déjà comme une mère ; lorsqu'elle passait devant les postes militaires, elle que l'on avait parlé de fusiller, la sentinelle lui présentait les armes et bientôt l'administration publique se déclara favorable à ses œuvres.

Les enfants continuèrent à affluer, de sorte que la directrice de l'école dut chercher un local plus vaste. Elle en trouva un non loin de la chambre qu'elle avait occupée jusque-là, celui qui est devenu depuis l'hôtel d'Ornans et porte actuellement le n° 13 de la rue des Martelots. Dès que l'appartement fut prêt, Sœur Jeanne-Antide et ses compagnes s'y installèrent. Pour remercier Dieu et attirer sur la fondation de nouvelles bénédictions, elles se mirent en retraite. C'est à l'issue de ces exercices, le 15 octobre 1800 qu'elles firent leur première consécration en présence de M. de Chaffoy, vicaire général de Besançon.

La maison de la rue des Martelots devint dès lors un vrai noviciat où, sous la direction de Mère Thouret, ses compagnes travaillaient à leur sanctification, se formaient à leur mission de maîtresses d'école et s'initiaient au soin des malades. « J'appris à mes filles, écrit la Fondatrice, à connaître les diverses drogues et à les préparer. J'allais visiter à domicile les malades pauvres, et je me faisais accompagner, tour à tour, de chacune d'elles pour leur ensei-

gner à panser les plaies à poser des vésicatoi-
res et à pratiquer des saignées aux mains et
aux pieds. Je leur appris aussi à connaître les
maladies et leurs divers caractères, à parler de
Dieu aux malades et à les préparer à la récep-
tion des sacrements ; à tenir leurs lits et leurs
chambres propres ; à ensevelir les morts. »

Au printemps et à l'automne, la petite communauté s'en allait, à travers les prairies et le
long des haies, cueillir les herbes médicinales
dont Mère Jeanne-Antide enseignait les pro-
priétés à ses filles. Dès sa jeunesse, elle avait
aimé soigner les malades ; ses aptitudes naturelles s'étaient développées chez les Filles de
la Charité et pendant ses dures expériences
d'infirmière errante en Suisse et en Allemagne.

Elle formait aussi ses compagnes à leur tâche d'éducatrices. M. Bacoffe, qui remplissait les
fonctions de supérieur ecclésiastique et de confesseur de la communauté, donna lui-même des
leçons aux religieuses et leur procura des maî-
tres.

L'œuvre fondée par Sœur Jeanne-Antide
commençait à se développer quand celle-ci apprit que, par un décret du 1ᵉʳ décembre 1800,
le gouvernement venait de rétablir les Sœurs
de Charité de Paris. Grande fut sa perplexité.
Elle alla trouver ses supérieurs ecclésiastiques :
« Je suis restée, leur dit-elle, quelques années
chez les sœurs de Paris, mais jamais je n'ai

fait de vœux. La maison-mère fut supprimée et l'on nous força de nous retirer dans nos lieux de naisssance. Que jugez-vous que je doive faire si l'on me rappelle ? »

Les prêtres qu'elle interrogea lui répondirent qu'elle était plus utile à Besançon et qu'il était plus avantageux pour la ville et les environs d'avoir au service des pauvres et des malades, une congrégation dont le centre était dans le pays même, que de faire venir des religieuses de Paris. Celles-ci, du reste, ne proposèrent pas à leur ancienne compagne de se réunir à elles. Elle resta donc à son nouveau poste obéissant à ceux qu'elle regardait comme les mandataires de Dieu.

Le succès grandissant de ses œuvres sembla confirmer la décision qui la fixait à Besançon. Dès 1801, en effet, quatre nouvelles écoles, une pharmacie et un « bouillon » pour les pauvres furent ouverts dans différents quartiers de la ville. Il devint urgent de donner une règle à la communauté ; les Vicaires généraux et le supérieur ecclésiastique commandèrent à la fondatrice de la rédiger elle-même.

« Au nom de Dieu, écrit la Mère Thouret, j'obéis à des hommes savants qui auraient pu mieux que moi et avec moins de peine composer une Règle. La chose était faite pour m'épouvanter ; elle m'aurait même paru présomptueuse si j'avais été réduite à mes seules forces :

mais je mis toute ma confiance en la bonté toute-puissante de Dieu, qui se sert des éléments les plus faibles et les plus abjects pour faire les plus grandes choses. »

Trop absorbée à Besançon par les soucis que lui créait la direction de ses établissements, elle s'en alla chercher la solitude à Dôle, dans un ancien couvent de la Visitation. Ce fut là comme son Manrèse. Elle s'y mit en oraison, repassa dans sa mémoire les usages qu'elle avait suivis à Paris et, sous la dictée de l'Eprit-Saint qui aime à se communiquer aux humbles, comme si saint Vincent de Paul, son père en Dieu, eut tenu la plume, elle composa la Règle admirable qui porte la marque indélébile de son esprit de foi, de la simplicité de son cœur, de son amour de l'orthodoxie.

Lorsqu'elle eut achevé son travail, elle vint le soumettre au jugement des vicaires généraux qui l'approuvèrent. Puis, elle se disposa à en donner connaissance à sa petite communauté. Ce fut une scène émouvante. A genoux, les larmes aux yeux, ses filles écoutèrent des lèvres mêmes de leur Mère vénérée la lecture de la Charte qui devrait régir leurs pensées, leurs œuvres, leurs vœux, leur vie tout entière. Quand la lecture fut achevée, elles s'engagèrent à porter cette Règle constamment inscrite dans leur cœur pour l'observer avec amour ; sur leurs mains, pour qu'elle inspire et dirige leurs travaux ; sur leur front afin que les hommes, voyant leurs bonnes œuvres, glorifient le Seigneur.

Cet engagement, elles auront à cœur d'y être fidèles. Les âmes généreuses, qui se succèderont par milliers dans le nouvel Institut, le prendront à leur tour et le tiendront comme elles, se souvenant de la recommandation de l'Esprit-Saint : « Gardez bien la loi sainte tracée par votre Mère » (Prov. I, 8).

II.

PREMIERS DÉVELOPPEMENTS DE L'INSTITUT

En 1803 les filles de la Mère Thouret adoptèrent le costume religieux choisi par leur fondatrice ; c'était une robe grise avec tablier noir ; un voile noir, un large collet blanc. L'apaisement qui se faisait sentir partout en France leur permit bientôt de le porter au dehors comme à l'intérieur de leurs maisons.

Leurs œuvres se développaient du reste rapidement ; en 1802, le préfet de Besançon, d'accord avec l'Archevêque, leur avait confié la maison de détention de Bellevaux. Avant leur arrivée, cet hospice était à la fois un refuge, une prison et un hôpital ; on y trouvait dans un pêle-mêle peut fait pour favoriser les bonnes mœurs, des hommes, des femmes, des enfants, des vieillards, des fous, des prisonniers, des infirmes ; il y régnait une malpropreté révoltante, un désordre matériel et moral extrême. Les Sœurs y rétablirent l'ordre, la discipline et la paix ; elles y diminuèrent considérablement les dépenses, tout en y traitant mieux les détenus. Le préfet en exprima hautement sa satisfaction : « Ces dames, écrivit-il à Paris, ont rétabli l'ordre à mon grand contentement, à l'édification du public et à la gloire du gouvernement. » On trouve un éloge identique dans une lettre que l'archevêque de Besançon écrivait à Portalis, le 27 juillet 1806.

Apprécié du public, favorisé par les autorités civiles et ecclésiastiques, l'Institut ne pouvait que prospérer. Le nombre des vocations augmenta considérablement et les fondations nouvelles se multiplièrent, comme l'atteste la lettre de Mgr Le Coz, déjà citée : « Les services rendus par nos bonnes Sœurs, écrit l'archevêque, ne se bornent pas à Besançon. Beaucoup de paroissses ont désiré d'en avoir. On en a placé deux dans chacune des communes qui ont présenté quelques moyens de les loger et de les nourrir. De les nourrir ! Si vous saviez, Monsieur, à quoi s'élève cette nourriture, à coup sûr vous diriez comme nos militaires malades : vraiment, ce sont des anges ! Il est étonnant le bien qu'elles font dans ces communes : aussi,

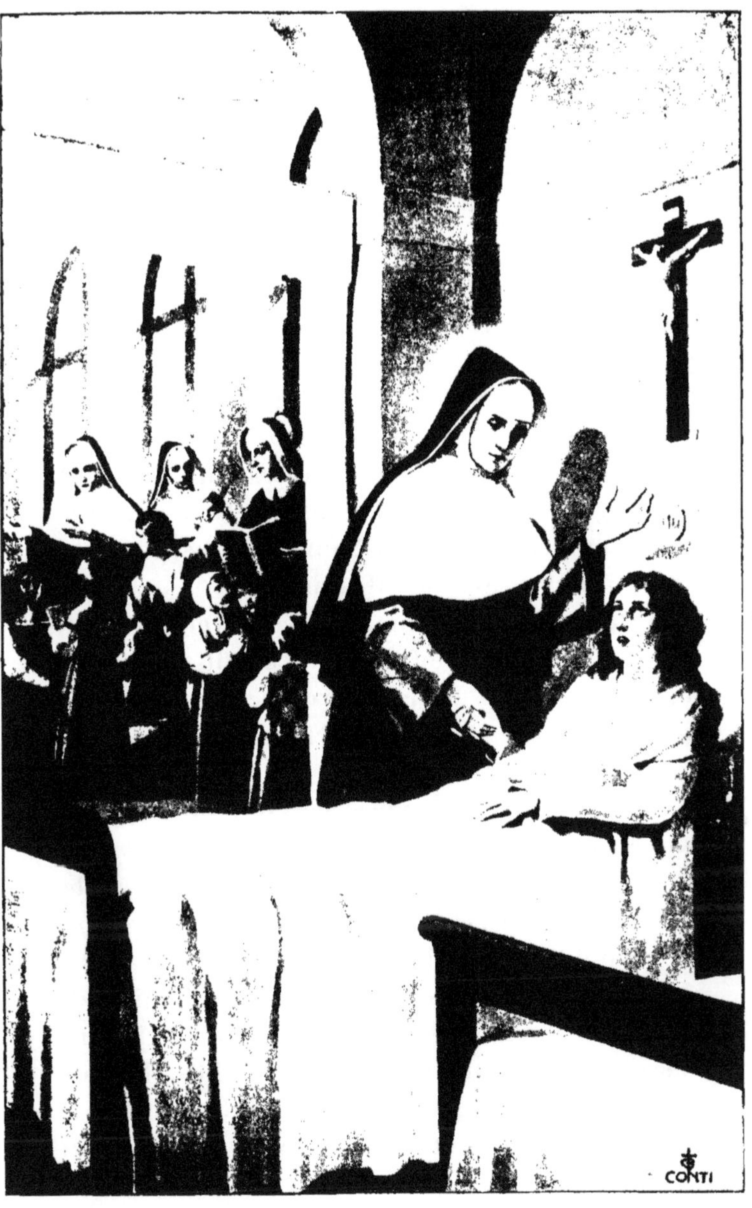

**Les œuvres de l'Institut fondé par la Bienheureuse :
soins des malades et instruction de la jeunesse.**

nous en demande-t-on très souvent, et, la semaine prochaine, j'espère qu'il en ira encore deux dans une paroisse de la Haute-Saône, où on les attend avec une vive impatience. »

Mais l'Institut n'avait pas encore une existence canonique : sa règle n'était pas approuvée par l'autorité ecclésiastique. Il y avait six ans que la Fondatrice l'avait composée et huit ans qu'elle en faisait l'expérience pratique. Pendant ce laps de temps, elle avait retranché ou ajouté aux règlements primitifs ; puis, elle avait écrit, pour l'édification de ses Sœurs un discours préliminaire sur ses Constitutions.

Elle pensa que le moment était venu de solliciter l'approbation officielle. Elle fit donc recopier son travail avec les retouches et le présenta à Mgr Le Coz, en le priant de vouloir bien l'examiner et l'approuver.

Le 26 septembre 1807, l'archevêque approuvait en ces termes les Constitutions de la vénérable Fondatrice : « Nous avons lu les règlements ci-dessus... : Nous les croyons inspirés par un véritable esprit de sagesse, rédigés dans des vues saintes, propres à étendre cette institution précieuse et capables de ramener dans les paroisses où ses membres seront établis, le goût des mœurs pures, des connaissances utiles et des vertus qui font l'ornement et le bonheur des familles. » Il y avait là plus qu'une approbation ; c'était un éloge !

Au cours de cette même année 1807, par un décret daté du 30 septembre, Napoléon 1ᵉʳ ordonna à toutes les Congrégations de femmes utiles au public de se faire représenter à un Chapitre général que devait présider à Paris Mᵐᵉ Laetitia, mère de l'empereur. La Mère Thouret s'y rendit au nom de son Institut ; elle était chaudement recommandée au ministre des cultes par Mgr Le Coz. Elle arriva à destination les premiers jours de novembre. Des notes écrites de sa main nous révèlent avec quelle humilité et quel désintéressement elle envisageait le rôle que l'obéissance lui imposait ; elle se regarda, en cette occasion, comme l'humble instrument des volontés divines. Le Chapitre ne dura que quelques jours. Quarante supérieures étaient présentes. Dès la première séance, la Supérieure générale des Sœurs de la Charité de Paris souleva la question du nom adopté par les Filles de la Mère Thouret ; il s'agissait de prévenir des confusions possibles. La chose fut réglée sans difficultés ; Sœur Jeanne-Antide prit pour ses religieuses le nom de « Sœurs de la Charité de Besançon » et se sépara en excellents termes de la Supérieure des Sœurs de Paris.

En quittant la Capitale, elle emportait la promesse d'une rente annuelle de huit mille francs qui devait lui être payée par le Gouvernement. Cela lui permit d'entreprendre, dès son retour, de nouvelles fondations. La première qu'elle fit fut pour ses compatriotes : elle dota son village natal d'un hospice de charité. Puis elle créa plusieurs établissements dans la ville archiépiscopale : deux écoles gratuites pour la paroisse de Saint-Jean ; deux pour la paroisse de Sainte-Madeleine et puis trois autres pour les paroisses de Saint-Pierre, Saint-François et Saint-Maurice. Elle prit en outre la direction des hôpitaux militaires de Saint-Louis et de la Visitation.

Elle fonda ensuite successivement dans le diocèse de Besançon, les maisons de Beaume-les-Dames, de Vercel, de Maiche, de Russey, de Pierrefontaine, de Gy... ; dans le diocèse de Saint-Claude, les hôpitaux de Saint-Claude, de Lons-le-Saunier, d'Arinthod, de Chaussin... ; et dans les diocèses voisins, les établissements de Bourg-en-Bresse, de Saint-Trivier, de Chintrey, de Mandeure...

Il semble, en lisant cette nomenclature même incomplète que rien n'arrêtait la Mère Thouret dans l'ardeur de son zèle. Et pourtant, il ne lui suffit point de rayonner dans les départements limitrophes ; elle jeta les yeux par dessus la frontière. Elle pensa à la Suisse : pouvait-elle oublier le village qui, pendant son exil, lui avait donné une bienveillante hospitalité ? Le Landeron fut doté à son tour d'un hospice et d'une école.

Vers la même époque, les Sœurs de la Charité de Besançon vinrent s'établir dans le diocèse d'Annecy. Une lettre que leur Supérieur écrivit, en mai 1810, aux administrateurs de l'hôpital de Thonon, nous apprend qu'elle leur envoya quatre religieuses pour diriger un hospice et une école.

C'est ainsi qu'autour de la Mère Thouret se faisait une sorte de génération spontanée d'œuvres de charité. C'était comme une germination mystérieuse de maisons saintes qui s'édifiaient partout grâce à son activité dévorante pour le bien. Au milieu de ses succès, elle aimait toujours à se dire un indigne instrument de la Providence ; elle rapportait tout au Seigneur et elle répétait volontiers à ses auxiliaires le mot de la B⁰ⁱ Françoise d'Amboise : « Faites en toutes choses que Dieu soit le plus aimé. »

III.

FONDATIONS A NAPLES

C'est au milieu de ces saintes dispositions et de ces nobles travaux que vint la trouver providentiellement l'invitation la plus flatteuse qu'elle pût recevoir. Dans une lettre datée du 28 mai 1810. Madame Laetitia, mère de l'empereur, sollicita son concours pour fonder à Naples un établissement de charité, désiré par son gendre Joachim Murat, le nouveau roi des Deux Siciles.

Après avoir prié et réfléchi, la Mère Thouret accepta la proposition, et, sur le conseil de Mgr Le Coz, elle demanda d'accompagner ses filles pour présider à leur installation. Fortifiée par la bénédiction de son archevêque et supérieur, elle se mit en route pour l'Italie emmenant avec elle sept de ses religieuses qui brûlaient de la même flamme apostolique. Elles firent un court séjour à Rome. Le 18 novembre 1810, elles entraient à Naples, entourées de la sympathie générale. On les mit solennellement en possession du monastère de REGINA CŒLI et d'une chapelle, à condition qu'elles desserviraient l'Hôtel-Dieu annexé à la Maison religieuse, et qui contenait alors mille malades.

REGINA CŒLI, jadis occupé par les chanoinesses de Latran, est un monastère comme on en voit peu, large, spacieux, aéré, muni de jardins et de terrasses d'où l'on aperçoit le Vésuve, le golfe et une grande partie de la ville. C'est un palais. La chapelle adjacente est somptueuse, possédant un grand nombre d'autels, de tableaux, de statues, de fresques et de lustres, qui en font un sanctuaire presque royal.

Mère Thouret ne manqua pas d'annoncer son heureuse arrivée aux religieuses de Besançon. Cette première lettre s'est perdue. Mais nous possédons celles qui l'ont suivie. La bonne Supérieure s'y confond en actions de grâces pour Dieu et pour les bienfaiteurs insignes de son Institut. Elle y exprime, en termes enflammés, toute sa tendresse pour ses Filles de France : « Vous êtes mes premières sœurs et filles ; je vous aime plus que la plus tendre de toutes les mères, non seulement pour le temps mais encore pour la vie future. »

A Naples, les Sœurs ne tardèrent pas à devenir populaires à la grande joie de Mgr Le Coz qui, de loin, ne cessa de recommander et de soutenir ses anciennes diocésaines.

Le roi, la reine et leurs sujets les regardaient avec bienveillance. Néanmoins, elles eurent, pendant les premiers jours, à subir un assaut de la part du Ministre de l'Intérieur qui voulait rompre tout lien entre les Sœurs de Besançon et celles de Naples. Les religieuses et leur fondatrice protestèrent contre cette prétention et le roi Joachim leur donna gain de cause ; rien ne fut donc changé aux statuts primitifs qui maintenaient l'union étroite avec Besançon.

Ces difficultés, comme aussi la nécessité d'organiser les œuvres confiées à ses filles, obligèrent la Supérieure à prolonger son séjour à Naples. Mgr Le Coz lui-même y jugeait sa présence nécessaire et l'approuvait d'y rester ; il ne devait plus la revoir, car il mourut en 1815. Au cours de la même année eut lieu l'exécution de Murat, la chute de Napoléon et le retour des

Bourbons. L'ancien roi des Deux-Siciles remonta sur le trône, sous le nom de Ferdinand Ier. Mais ces bouleversements politiques n'influèrent en rien sur les travaux des Sœurs françaises à Naples ; leur mission s'exerçait en dehors de la sphère politique, et, sous tous les régimes, elles continuaient à soigner les âmes et les corps.

Leur fondatrice ne voulut pas se contenter de conserver les positions acquises : elle rêva de fonder de nouvelles écoles dans les quartiers les plus peuplés de la ville. Le 16 avril 1816, elle écrivit au ministre pour lui exposer son projet. Elle désignait comme locaux un monastère en ruines, près de la Trinité des Espagnols, et un vieux conservatoire, dans la rue de l'Annonciade. Elle voulait avoir là deux écoles, l'une pour les demoiselles de familles aisées, l'autre, pour les jeunes filles pauvres. Elle demandait l'ameublement nécessaire et terminait sa lettre par l'exposé de son programme d'enseignement. Cette requête resta sans réponse. Le 14 avril 1817, dans un rapport détaillé, elle rendit compte au ministre de toutes ses fondations et lui réitéra sa demande. Cette nouvelle démarche n'eut pas le succès attendu. Mais Sœur Jeanne-Antide ne se découragea point ; elle recueillit un certain nombre d'orphelines pour qui elle eut les soins les plus tendres et les plus maternels et elle songea dès lors à la création d'un pensionnat pour les jeunes filles de l'aristocratie napolitaine dans l'intérieur de REGINA CŒLI. Elle le pouvait, car sa popularité grandissait de plus en plus ; elle était connue et estimée dans tous les rangs de la société et souvent même on venait la chercher pour préparer à une mort chrétienne des moribonds impénitents.

La sollicitude de la Mère Thouret à l'égard de ses établissements de Naples ne lui faisait pas perdre de vue les besoins généraux de sa Congrégation. Elle encourageait partout les fondations nouvelles ; elle veillait avec un soin jaloux sur les communautés existantes ; elle dirigeait ses religieuses de France et de Suisse avec une sagesse que ne désavoueraient ni saint Vincent de Paul, ni saint François de Sales ; elle leur écrivait fréquemment pour les exhorter à la charité et à l'observance de la Règle. « En avant, toujours ! et pour Dieu ! » C'était sa devise familière, son cri de ralliement ; il retentissait au cœur de ses filles ; elle les eût entraînées jusqu'au bout du monde, et jusqu'à la mort !

III.

Approbation du Saint-Siège
Epreuves
Glorification

CHAPITRE TROISIÈME

I.

APPROBATION DU SAINT-SIÈGE ET DIFFICULTÉS AVEC L'ARCHEVÊQUE DE BESANÇON

Huit ans s'étaient écoulés depuis que Mère Thouret avait quitté Besançon, berceau de l'Institut. Elle désirait vivement y revenir au plus tôt. Mais elle voulut auparavant donner à sa fondation une stabilité plus grande en sollicitant, pour ses Constitutions, l'approbation du Saint-Siège.

Le 13 septembre 1818, elle adressait au pape Pie VII une supplique où, après avoir fait l'historique de sa Congrégation, elle sollicitait pour elle l'approbation de l'Autorité suprême de l'Eglise. Elle-même arrivait à Rome peu de temps après. Les cardinaux auxquels elle rendit visite l'accueillirent favorablement et promirent d'appuyer sa demande. Le siège de Besançon était alors vacant, mais M. Durand, vicaire général et administrateur du diocèse, écrivit à la fondatrice une lettre dans laquelle il rendait hommage au zèle et au dévouement de ses filles restées en France ; cette lettre, émanant de la seule autorité diocésaine alors existante, servit à appuyer la cause de l'Institut auprès des Congrégations romaines.

La requête de Mère Thouret obtint son plein effet. Par un décret du 23 juillet 1819, confirmé ensuite par un bref du 14 décembre de la même année, le Pape Pie VII approuva les Filles de la Charité de Besançon. Toutefois, le Bref pontifical indiquait certaines modifications qui, du reste, n'en altéraient nullement l'ensemble.

Les changements exigés par la Congrégation chargée de l'examen des Constitutions ne portaient, en effet, que sur des points secondaires : le nom de l'Institut était modifié, « les Sœurs de la Charité de Besançon » devenaient « les Sœurs de la Charité sous la protection de saint Vincent de Paul » ; l'archevêque de Besançon ne gardait plus le titre de Supérieur général que la fondatrice lui avait donné et n'avait plus que l'autorité de tout évêque ayant dans son diocèse une maison de l'Institut ; enfin, les vœux, au lieu de valoir pour un an, étaient valables aussi longtemps que les religieuses persévéraient dans la congrégation.

La Bienheureuse aux pieds du Pape Pie VII
demandant l'approbation de la Règle.

Ces changements suggérés par l'autorité compétente, parurent tout simples aux Sœurs, et la Mère Thouret se préparait à rentrer à Besançon, quand elle reçut une lettre troublante de Mgr de Pressigny, le nouvel archevêque, qui venait de prendre possession de son siège. Elle lui avait écrit pour lui faire part de l'approbation pontificales et des modifications apportées à la Règle ; à sa lettre très respectueuse, il répondit sèchement : « Je ne connais pas les changements qui ont été faits ; ils peuvent améliorer l'Institut, mais l'amélioration même est un changement, et un changement, une modification ont souvent des inconvénients. »

Il terminait en refusant à la fondatrice la permission de rentrer à Besançon. « Il vaut mieux que vous établissiez ailleurs votre nouvel Institut et que nous conservions ici ce que nous avons », disait-il, sans tenir compte du fait que les changements qu'il désapprouvait sans les connaître du reste étaient l'œuvre des Congrégations romaines et non pas de la Mère Thouret. Prélat instruit et pieux, Mgr de Pressigny était cependant fort imbu des idées gallicanes : il considérait la décision du Saint-Siège comme un empiètement du Pape sur ses prérogatives d'évêque. Il défendit aux Sœurs de Besançon d'accepter « aucune innovation », si elle n'était présentée par lui.

La Sœur, qui faisait fonctions de supérieure de Besançon en l'absence de la fondatrice, s'empressa de tout raconter à la Mère Thouret. Celle-ci écrivit de nouveau à l'archevêque. Sa lettre est respectueuse, nette et ferme ; elle remet au point la question des changements imposés par Rome et s'abrite derrière l'autorité du « représentant de Jésus-Christ ». En même temps, elle adressa une requête à la Congrégation romaine, chargée de ce genre d'affaires, où elle exposa toute la question en demandant l'intervention de l'autorité supérieure pour régler le différend. La Congrégation lui donna raison, mais Mgr de Pressigny tint bon, même après avoir reçu la notification officielle des volontés du Saint-Siège. On était loin, à cette époque, du Concile du Vatican et de ses décrets touchant l'intervention du Pape dans la discipline des Eglises particulières !

La vénérable Mère, brisée de douleur, crut alors que sa présence serait peut-être utile pour dénouer la situation. Après avoir tout réglé à Naples et institué, comme supérieure locale, Sœur Geneviève Boucon, elle partit en juin 1821. Son désir était de se rendre directement à Besançon. Elle annonça son arrivée aux Sœurs et à l'archevêque. Celui-ci, loin de désarmer, écrivit une circulaire aux supérieures des maisons de l'Institut établies dans son diocèse, pour leur interdire de recevoir la Mère Thouret et ses compagnes, et, dans une allocution aux sœurs de la ville, il leur défendit même d'avoir sur cette question une autre façon de penser que la sienne.

Sœur Jeanne-Antide était à Thonon lorsqu'elle apprit cette mesure extrême. Elle écrivit au prélat une lettre très digne où elle lui demandait pour unique grâce de lui signaler les torts qu'il avait à lui reprocher. Mgr de Pressigny s'abstint de toute explication ; pour lui, c'était non pas une question de personne (il ne connaissait pas la Mère Thouret), mais une question de principe : il croyait défendre ses droits d'évêque contre les prétendus empiétements du Saint-Siège.

Dans le Bref du 14 décembre 1819, Rome avait annulé d'avance tout jugement porté contre la fondatrice à l'occasion de l'approbation de sa Règle ; elle avait donc le droit strict d'aller à Besançon, malgré la défense de l'archevêque. Mais, afin d'éviter un éclat, elle ne voulut pas en user avant d'avoir fait de nouvelles tentatives pour désarmer les préventions de l'autorité épiscopale. Elle se dirigea donc sur Paris.

Elle s'arrêta à Bourg, où se trouvait une de ses maisons. C'est là qu'elle put donner satisfaction au désir que le curé de Saint-Paul (Haute-Savoie) lui avait naguère manifesté à Thonon. Ce prêtre demandait depuis longtemps des Filles de la Charité. Mère Thouret trouva à Bourg la religieuse qu'il lui fallait : c'était Sœur Victoire Bartholemot (1).

Mère Thouret ne prolongea pas son séjour à Bourg ; elle avait hâte d'arriver à Paris. Elle prit avec elle Sœur Elisabeth Bouvard, supérieure de l'hospice de Bellevaux, et arriva dans la Capitale vers la Toussaint. Elle y demeura dix-sept mois faisant tout, soit par elle-même, soit par l'intermédiaire de personnages considérables, pour arriver à la réconciliation : mais ce fut en vain.

Le Bon Dieu frappe quelquefois ses élus pour les récompenser : Il les humilie ici pour les exalter ailleurs. Au milieu des cruelles épreuves qu'elle traversait, la fondatrice était consolée et soutenue par les bonnes nouvelles qu'elle recevait d'Italie et de Savoie. Ses filles se montraient partout pleines de ferveur et de zèle, le nombre des vocations allait toujours croissant et les demandes pour de nouvelles fondations affluaient de tous côtés. C'est à cette époque qu'il faut rapporter la création d'un hospice de charité et d'une pharmacie pour les pauvres à Villecerf, dans le diocèse de Meaux, et l'ouverture de plusieurs maisons en Savoie.

----

(1) V. ch. V : « Les Sœurs de Charité en Savoie ».

Les démarches multiples que la Mère Thouret fit à Paris pour obtenir de l'archevêque la levée de son interdit n'ayant abouti à aucun résultat, elle comprit qu'il ne lui restait plus qu'une dernière ressource : se présenter elle-même à Besançon, afin d'essayer sur place de rétablir l'union et la paix. Elle se mit en route en janier 1823. Après avoir goûté, à Villecerf, des consolations dont son cœur meurtri avait grand besoin, elle se dirigea vers la ville qui avait été le berceau de son Institut. Hélas ! ses filles, les premières enfants de sa tendresse, intimidées et troublées par les ordres catégoriques de Mgr de Pressigny, refusèrent de la recevoir. Son cœur saigna et ses larmes coulèrent abondantes ; elle dut se réfugier, pour la nuit, chez une dame nommée Ligier, originaire de Sancey-le-Long. De la Bienheureuse on pouvait dire, comme de Jésus, son bon Maître : « Elle vint chez elle, et les siennes ne la reçurent pas. »

La scission était faite. Les communautés du diocèse de Besançon et des diocèses voisins reconnaîtront désormais la Règle approuvée par l'archevêque : les établissements de Savoie, d'Italie et quelques autres resteront fidèles à la fondatrice. Dans une lettre adressée à Sœur Boucon, le 17 janvier 1822, Mère Thouret écrivait : « Le moment de la toute-puissance de Dieu arrivera tôt ou tard : continuez à prier et à faire prier. »

Ses filles n'ont oublié ni cet espoir ni cette recommandation.

Mère Jeanne-Antide comprit qu'elle ne gagnerait rien à séjourner à Besançon. Dès le lendemain de son arrivée, elle partit pour Thonon où les sœurs lui donnèrent les marques les plus sensibles de leur affectueux et inébranlable attachement. Elle y demeura quelque temps et profita de son séjour pour visiter les communautés de Savoie. Elle fut partout reçue avec enthousiasme : les Sœurs semblaient rivaliser d'admiration, de respect et d'amour, pour panser la blessure qu'elle portait dans son cœur. A la fin de septembre 1823, elle reprit le chemin de Naples, désormais le second berceau de la Congrégation.

L'attitude de la servante de Dieu pendant ces années douloureuses témoigne d'une façon éclatante de sa patience et de sa confiance surnaturelle. Les difficultés qu'elle rencontra étaient d'autant plus pénibles qu'elles lui venaient de celui-là même sur lequel elle avait le droit de compter pour la soutenir et la protéger : elle sut, dans une situation délicate, concilier le respect auquel a droit l'autorité épiscopale avec le légitime souci des besoins de son Institut. Elle pouvait retourner à Naples avec des déchirements dans le cœur, mais aussi avec une conscience tranquille. L'extrait suivant d'une lettre nous fera connaître les sentiments qui l'animaient en quittant la France : « Je n'ai rien négligé pour seconder les désirs du Saint Père qui cherchait à mettre en vigueur, dans les différentes maisons de la Congrégation, les Constitutions approuvées par Rome. Mais, les obstacles ont été insurmontables... Je m'en remets absolument à Dieu, pour tout ce qui touche mon Institut ; je le confie à la toute puissante protection du Saint-Siège et j'attends tranquillement ce que sa haute sagesse et ses grandes lumières décideront. »

II.

DERNIÈRES ANNÉES ET MORT DE LA FONDATRICE

L'accueil que la Mère Thouret reçut à REGINA CŒLI fut un baume pour son cœur endolori. Les sœurs, les novices, les pensionnaires, les malades, les pauvres rivalisèrent de zèle pour lui exprimer leur joie de la revoir. Elle reprit aussitôt, avec son courage ordinaire, ses fonctions de supérieure, s'efforçant, par la parole et par l'exemple, de communiquer à ses religieuses le véritable esprit de l'Institut, s'appliquant à donner une forte impulsion aux œuvres établies et

cherchant à en créer de nouvelles. Elle était de
la famille de ces âmes vaillantes qui, loin de se
laisser abattre par l'épreuve, répètent toujours,
en traversant la vie, ces mots que nous devrions
tous redire à chaque phase bonne ou mauvaise
de notre existence mais surtout aux heures cru-
cifiantes : « Jamais en avant, jamais en arrière,
toujours en haut. »

Les demandes de fondations se multipliaient.
Pendant les années 1824 et 1825, Sœur Victoire
Bartholemot fut chargée d'établir à Saint-Paul
un noviciat, où les aspirantes vinrent aussitôt
en très grand nombre, et de créer des établissements à Boëge, à Annecy, à Verceil et dans
d'autres localités, de sorte que les communautés
furent bientôt assez nombreuses pour constituer
une province, dite de la Haute-Italie (1). A Naples
et dans les environs, ce fut aussi une véritable
éclosion de maisons hospitalières ou enseignan-
tes. Ce rapide développement de la Congrégation était une preuve éclatante de sa popularité.
Mais il entraînait avec lui des sollicitudes sans
nombre pour celle qui y présidait. Mère Thouret
suffisait à tout : sa journée se passait à donner
des ordres pour les malades qui venaient confé-
rer avec elle, à correspondre avec les maisons de
France, de Savoie et d'Italie. Rien n'échappait

---

(1) V. ch. V : « Les Sœurs de Charité en Savoie ».

à sa vigilance ; elle s'intéressait aux besoins spirituels et corporels de tous ses inférieurs, des invalides et des malheureux, comme des novices et des pensionnaires.

Tant de générosité et de dévouement allaient lui mériter une belle récompense. En 1826, eut lieu un Jubilé accordé par Léon XII à l'univers catholique. La Mère Thouret en suivait les exercices avec une dévotion et une assiduité particulières, lorsqu'au cours d'une procession elle fut prise d'une attaque d'apoplexie. Le médecin, appelé en hâte, fut assez heureux pour maîtriser le mal qui sembla ne lui laisser qu'une petite faiblesse. Mais elle y vit un avertissement du ciel et se prépara dès lors plus immédiatement à bien mourir. Le 16 juillet, elle put encore donner l'habit religieux à quelques novices, et, le 15 août, elle communia avec toute la communauté. Le 18, survint une nouvelle attaque, après laquelle elle ne parla plus, bien qu'elle eût conservé toute sa lucidité d'esprit. Elle s'entretenait par signe avec son confesseur, suivait toutes ses paroles, et ses regards, toujours fixés sur le crucifix témoignaient des pensées qui remplissaient son âme. Le 21, le danger s'accentua, et la malade reçut les derniers sacrements ; elle continuait à suivre les prières récitées près de son lit et fixait sur ses filles des regards éloquents de tendre sollicitude. Enfin, dans la soirée du

Mort de la Bienheureuse

24 août 1826, elle rendit doucement son âme à Dieu. Elle avait soixante ans.

Dès le lendemain, tout le peuple de Naples vint vénérer la dépouille de la servante de Dieu, qui fut ensuite déposée dans un caveau creusé sous la chapelle de l'Immaculée Conception, en l'église de REGINA CŒLI. Cette chapelle avait été restaurée par la Mère Thouret qui, même avant la définition du dogme, professait une dévotion particulière pour cette belle prérogative de Marie.

III.

GLORIFICATION

DE LA BIENHEUREUSE JEANNE-ANTIDE

La mémoire chérie et le souvenir des vertus de la bienheureuse Jeanne-Antide Thouret ne sont pas descendus dans la tombe avec sa dépouille vénérée. De génération en génération, les pauvres, les infirmes, les affligés de toute sorte sont venus prier et pleurer sur ce *tombeau devenu glorieux*, persuadés que la bonne Mère leur serait secourable dans le ciel mieux encore qu'elle ne l'avait été sur la terre. Et le Seigneur.

multipliant grâces et prodiges, a montré, toujours plus clairement, combien a de puissance sur son Cœur l'intercession de sa fidèle Servante.

Entre toutes les faveurs singulières obtenues par l'intervention de la Mère Thouret, nous citerons seulement les trois suivantes auxquelles l'Eglise a reconnu solennellement un caractère surnaturel.

* * *

Mademoiselle Assunta Giordano, d'Amalfi, qui souffrait d'une arthrite tuberculeuse dans l'articulation du bras gauche fut soumise, pendant longtemps, à tous les remèdes que peut suggérer la science, mais sans aucune amélioration de la lésion. Au contraire, le processus inflammatoire allait s'aggravant de jour en jour au point de la rendre incapable de tout jeu des articulations.

Le médecin qui la soignait le D' Gambardella, proposa une opération — le raclage de l'os, — mais la pauvre malade, lasse de tant souffrir, s'y refusa énergiquement.

Une Sœur de Charité, en résidence à Amalfi, eut connaissance de l'état malheureux de Mlle Giordano. Elle l'encouragea, par des instances très vives, à recourir à l'intercession de la vénérable Mère Thouret et lui donna une relique de la sainte Fondatrice.

Dès son retour à la maison, la jeune personne animée d'une foi très vive, appliqua la relique sur la plaie et commença une fervente neuvaine. Le lendemain matin, les douleurs furent plus aiguës encore que d'habitude, mais elle ne perdit pas confiance et, le soir, elle s'endormit après avoir renouvelé ses plus ferventes supplications à la Vénérable. Or vers les trois heures du matin, s'étant réveillée, elle ne remarqua plus la moindre douleur : le mal avait disparu et le bras, spontanément retourné à sa position normale, était souple et se pliait à souhait. Mlle Giordano était parfaitement guérie.

Aussitôt, on l'entendit, au sein de la joie qui inondait son cœur, crier au miracle et, au bout de peu de temps, la nouvelle de cette merveille était connue et divulguée.

Après de nombreuses visites médicales faites, avec le plus grand soin, par des médecins de valeur parmi lesquels il faut citer les Drs Gambardella, Paolillo, Savelli, Antocicco l'évènement fut déclaré « *guérison miraculeuse* ».

Aujourd'hui la miraculée, jouissant d'une excellente santé, est novice chez les Sœurs de la Charité à Naples.

* * *

La Sœur Nazzarena Rossetti, à l'âge de 32 ans, constata, sur le côté droit de sa poitrine, une protubérance de la grosseur d'une noix. Elle se vit obligée de consulter. Les deux docteurs à qui elle s'adressa, le professeur Salvadori et le professeur Ramoni, déclarèrent qu'il s'agissait d'un épithélioma (tumeur cancéreuse) glandulaire et conseillèrent l'immédiate intervention chirurgicale. L'opération eut lieu en 1900, et la tumeur ayant été examinée au microscope et anatomiquement, cet examen confirma le diagnostic des médecins.

En 1904, la tumeur reparut sur le sein gauche, avec les caractéristiques et les symptômes de celle dont on avait fait l'ablation. La Sœur fut soumise à une nouvelle opération qui eut lieu par les soins des mêmes docteurs.

Elle se croyait, cette fois, immunisée définitivement contre ce mal, mais il n'en fut rien.

En 1917, on vit apparaître sur le côté gauche une nouvelle protubérance accompagnée des mêmes symptômes que les premières. Après plusieurs visites de médecins, on décida de procéder à une troisième opération. Mais avant de s'y soumettre, notre Sœur voulut faire une neuvaine à la mère Thouret, pour obtenir par elle la guérison miraculeuse.. A cette fin, elle mit sur sa poitrine des cendres recueillies sur le tombeau de la vénérable Mère.

Or, après plusieurs jours de ferventes prières, la Sœur s'aperçut, un beau matin, avec la plus grande joie, que la tumeur avait disparu. Le professeur Biraghi qui devait entreprendre l'opération, examina minutieusement sa malade et, avec la plus profonde stupeur, il dut constater qu'il n'y avait plus trace du mal.

Les professeurs Salvadori et Ramoni la soumirent, eux aussi, à une visite médicale et déclarèrent avec le professeur Baraghi, que la disparition instantanée de la troisième tumeur était due à une *intervention surnaturelle*.

✳ ✳ ✳

La jeune Philomène Pantanella, d'Arpino (Caserte), souffrait d'une très grave tumeur dite ostéo-sarcome avec complications. Transportée à l'hôpital des Incurables à Naples, il y eut une consultation des médecins qui décidèrent de tenter une opération chirurgicale. Mais le professeur Postiglione avertit la famille que la difficile opération ne sauverait pas la vie de la jeune

La Bienheureuse Jeanne-Antide dans la gloire

fille. Ses parents la ramenèrent alors à Arpino.

Le mal empirait. Pour réconforter la malade, la Supérieure des Sœurs de la Charité d'Arpino lui proposa de faire une neuvaine à la Vénérable. Dans la nuit du quatrième jour, la jeune fille, à demi éveillée, entrevit une Sœur étendant la main sur la tumeur pour l'extirper. Elle poussa un cri de douleur, ses parents accoururent, elle était guérie.

L'examen médical confirma la parfaite guérison qui, étant donné son instantanéité, ne pouvait être attribuée à des causes naturelles.

* * *

Le 26 mars 1895, eut lieu la reconnaissance canonique du corps de la pieuse Fondatrice ; le 16 juillet 1900, un décret de la Sacrée Congrégation des rites autorisa l'introduction de la cause de béatification et, le 9 juillet 1922, un nouveau décret reconnaissait l'héroïcité des vertus de la Vénérable. Enfin, au mois d'avril 1926, après l'approbation des trois miracles obtenus par son intercession, un dernier décret rendait certaine la prochaine et solennelle béatification qui fut fixée au 23 mai, jour de la Pentecôte.

Ainsi le Seigneur, dans son infinie miséricorde, voulut bien exaucer les prières et les vœux qui, depuis un siècle, s'élevaient jusqu'à Lui. Il comble de joie non seulement l'Institut des Sœurs de la Charité qui aime et vénère la Bienheureuse Jeanne-Antide Thouret comme sa Mère et Fondatrice, mais encore tout ce peuple de petits, de pauvres, d'affligés qui ont appris à chérir et vénérer le costume de la Sœur de Charité dont ils reçoivent soins, protection et réconfort.

Ce saint habit sera désormais, pour les uns et les autres, plus aimé et plus respecté, parce qu'il se présentera *illuminé* des splendeurs du Ciel.

IV.

Expansion de l'Institut

CHAPITRE QUATRIEME

Les œuvres de Dieu ne passent point avec
ceux qui les fondent, et les persécutions ne ser-
vent qu'à leur donner de nouveaux accroisse-
ments. La Congrégation qui, à la mort de sa
fondatrice, comptait déjà 136 maisons en Italie,
jouit, pendant le XIXe siècle, d'une prospérité
toujours croissante, malgré les commotions politiques qui se succédèrent sur le sol de la Péninsule.

Dès 1826, la nouvelle supérieure, mère Geneviève Boucon, envoya à Verceil (Piémont) vingt
religieuses pour tenir l'asile fondé dans cette
ville en faveur des malheureux abandonnés et
pour diriger un pensionnat et une école en faveur des enfants pauvres.

L'année suivante, elle fonda l'établissement
de St-Maurice (Valais) : école gratuite et hospice
pour les pèlerins. En 1828, sur ses ordres, douze
religieuses se rendirent à Bettonnet (Savoie),
pour y soigner de pauvres aliénés ; dix autres, à
Chambéry, pour se dévouer aux vieillards de la

Maison Saint-Benoît (1). En 1830, douze religieuses de REGINA CŒLI allèrent remplir les fonctions d'infirmières au grand hôpital de Novare.

A la même époque, les administrateurs de l'hospice des aliénés de Turin demandèrent une dizaine de Sœurs pour soigner les pauvres malades. Sœur Victoire Bartholemot, appelée à ce poste difficile, s'y rendit immédiatement avec les compagnes qu'on lui avait désignées. Elle trouva les malheureux aliénés dans un état lamentable : ils étaient attachés et couchés sur un fumier comme des bêtes. Navrées de ce désolant spectacle, les Sœurs se mirent aussitôt à l'œuvre pour améliorer leur sort, et, en peu de jours, l'établissement fut transformé à la grande satisfaction des familles et des administrateurs.

Mais ce résultat ne fut pas atteint sans fatigues. Sœur Victoire tomba malade et dut prolonger son séjour à Turin. Sentant que ses forces diminuaient de jour en jour, elle demanda à revenir dans sa chère maison de Saint-Paul.

De retour en Savoie, Sœur Victoire y retrouva la force et l'activité des anciens jours. Mais elle devait bientôt transporter sa résidence à La Roche, comme on le verra au chapitre suivant.

Pendant ce temps, la Congrégation se développait rapidement dans le royaume de Naples et dans toute l'Italie. En 1834, le duc de Modène

______

(1) V. ch. V : « Les Sœurs de Charité en Savoie ».

voulut confier l'hôpital et le refuge de sa ville aux Sœurs de la Charité de Naples ; il demanda donc des religieuses à la supérieure générale qui s'empressa de donner suite à sa demande. Sœur Rosalie Thouret, nièce et confidente de la Vénérable, fut chargée de cette fondation. Elle s'acquitta de sa tâche à la grande satisfaction de la cour et de la ville, à tel point que le prince la pria de créer un noviciat dans sa capitale, afin qu'elle pût fonder d'autres maisons dans ses Etats. Le 18 octobre 1837, elle inaugurait son noviciat. Dieu bénit si bien son zèle qu'au bout de quelques années, elle compta une centaine d'aspirantes et put avoir sous sa direction une véritable province, qui forma plus tard la province de Ferrare.

Les princes et leurs sujets n'étaient pas seuls à apprécier les services des Sœurs de la Mère Thouret. Les souverains Pontifes, qui se sont succédé au cours du XIX⁰ siècle, n'ont cessé de leur donner des preuves de confiance et d'estime et n'ont pas peu contribué à l'expansion de l'Institut.

En 1837, le pape Grégoire XVI, peu satisfait de l'administration du grand hôpital du Saint-Esprit et informé du bien que faisaient à Naples les religieuses de la Charité, les appela à Rome pour leur confier la direction de cette importante maison. Il n'eut certes pas à s'en repentir : il faut bien qu'on ait reconnu le mérite de ces vaillantes Sœurs pour que, depuis 80 ans qu'elles sont là, rien n'ait pu les ébranler, ni les révolutions successives qui ont bouleversé Rome, ni les changements de directeurs de l'établissement, ni l'avènement du gouvernement usurpateur. Au contraire, elles n'ont fait que s'affermir de plus en plus ; leurs œuvres se sont étendues et leur nombre s'est considérablement accru.

Un fait, entre cent autres, nous montrera en quelle estime Grégoire XVI tenait l'œuvre de la Mère Thouret. Vers l'an 1840, dans la ville de Brescia, une pieuse dame eut la pensée de fonder une congrégation de Sœurs hospitalières qui se vouerait au soin des malades dans les hôpitaux et à l'instruction des enfants du peuple. Une fois sa fondation terminée, elle demanda à plusieurs reprises l'approbation pontificale qui devait consacrer son œuvre. Le pape examina longtemps la question ; puis, il envoya à cette charitable dame un bref approbatif, mais avec la condition que ses constitutions seraient rédigées d'après celles des Sœurs de la Charité venues récemment à Rome. C'était rendre hommage aux constitutions données par la Mère Thouret à ses filles. D'ailleurs, les premières lignes du bref étaient consacrées à faire l'éloge des Fillles de la Charité de Naples.

Pie IX continua à celles-ci la paternelle protection que leur avait accordée son prédécesseur. Il les avait connues et appréciées à Imola, où elles dirigeaient un hôpital civil, une école d'enfants pauvres et un pensionnat de demoiselles ; il avait été si bon pour elles que, malgré les multiples occupations de son ministère épiscopal, il avait toujours voulu rester leur confesseur. Il fut à peine monté sur le trône pontifical, que ses premières pensées furent pour « ses Sœurs », comme il les appelait ; il leur écrivit alors une lettre où se décèle toute l'affection du grand pape pour la famille de la Mère Thouret.

Chassé de Rome par la révolution de 1848, et réfugié à Naples, Pie IX visita REGINA CŒLI le 27 septembre 1849. Cette visite lui permit de mieux connaître encore le véritable esprit des Sœurs de la Charité. Aussi continua-t-il de porter un grand intérêt à leur œuvre. En 1851, il fit appeler la supérieure générale pour lui enjoindre de transporter à Rome le noviciat de Naples. Il lui donna, à cet effet, une maison près de l'hôpital du Saint-Esprit. Mais ce local n'offrait pas aux novices toute la solitude nécessaire au travail de leur formation. Afin de mieux répondre aux vues du Saint Père, la supérieure acheta, en 1860, une grande et belle maison entourée d'un parc, près de l'église de la BOCCA DELLA VERITA. La résidence généralice et le noviciat y furent solennellement inaugurés le 21 octobre 1862.

Les Sœurs de la Charité furent toujours, de la part du saint pontife, l'objet des plus délicates attentions. Dans ses promenades de l'après-midi, il s'arrêtait volontiers devant la maison-mère ou à la porte de l'hôpital du Saint-Esprit pour visiter, encourager et bénir les religieuses. Il les admettait fréquemment au Vatican et favorisait leur œuvre par de larges aumônes.

Léon XIII continua ces traditions de paternelle bonté. Au début de son pontificat, la Société romaine pour les intérêts catholiques eut l'idée d'ériger dans le quartier le plus pauvre et le plus populeux du Transtévère, un asile destiné aux tout petits enfants. Le pape accepta que l'on donnât à cette fondation le nom d'Asile Léon XIII. Quand se posa la question du choix des religieuses qui devaient prendre la direction de cette maison, le Souverain Pontife désigna lui-même les filles de la Mère Thouret. Au bout d'un an, trois cents enfants fréquentaient l'école, et Léon XIII daigna les recevoir un jour en audience particulière, avec leurs institutrices et leurs bienfaiteurs.

Quelques mois plus tard, la supérieure générale fit connaître au Souverain Pontife son projet de création d'un asile et d'une école auprès de la maison-mère et lui demanda la permission de donner son nom de *Joachim* à ce nouvel établissement. Sa Sainteté accueillit favorablement la demande ; il fit même remettre à la supérieure un grand portrait fait de sa main pour être placé dans la salle d'école.

En 1888, Léon XIII voulut créer à ses frais, à Segni, ville voisine de Carpineto son pays natal, un asile et une école pour les enfants pauvres. Il acheta à cet effet un immense palais qu'il fit approprier aux besoins scolaires et confia la direction de cette œuvre aux Sœurs de la Bocca della Verita.

Ces preuves d'estime et de confiance, et beaucoup d'autres que l'on pourrait citer accordées par les souverains Pontifes Pie X et Benoît XV. aux Sœurs de la Charité sous la protection de saint Vincent de Paul. nous expliquent les développements considérables de l'Institut en Italie et en France. Il serait fastidieux d'énumérer tous les établissements fondés au cours du dernier siècle. Un coup d'œil d'ensemble sur l'état actuel de ses œuvres suffira à édifier le lecteur. La maison générale. qui se trouve à Rome. au pied de l'Aventin. a sous son obédience plus de 560 maisons en Italie. 63 en Savoie. 11 en Suisse. 16 à Malte et 3 en Angleterre. Ces communautés dont le personnel s'élève à plus de 6.000 religieuses. sont distribuées en 7 provinces.

De leur côté. les Sœurs de Besançon sont réparties en 160 maisons avec un personnel de plus de 1000 religieuses.

Aujourd'hui. les deux branches de la Congrégation sont fraternellement unies de cœur. se dévouent aux mêmes œuvres et professent la même ardente vénération pour la bienheureuse Fondatrice.

Elles sont donc près de 8.000, les filles de Jeanne-Antide Thouret qui, à son exemple, consacrent leur vie au service de Jésus dans les hôpitaux, les hospices de vieillards, les asiles d'aliénés, les prisons, les salles d'asile, les orphelinats, les écoles, les pensionnats, les patronages, les ouvroirs, les paroisses, partout, enfin, où se trouvent des malades à soigner, des pauvres à secourir, des enfants à instruire, des âmes à sauver.

V.

Les Sœurs de la Charité
en Savoie

CHAPITRE CINQUIEME

L'expansion de l'Institut de la Bienheureuse
en Savoie présente un intérêt si particulier que
nous croyons être agréable au lecteur en exposant ici, à grands traits, l'histoire de la Congrégation dans cette Province.

I.

LES PREMIÈRES FONDATIONS EN SAVOIE

La Province de Savoie se glorifie d'avoir eu
directement Mère Jeanne-Antide comme fondatrice. C'est elle qui en jeta les bases par la création de l'établissement de Thonon ; c'est elle qui
devait l'organiser en nommant une Supérieure
provinciale.

En mai 1810, quatre mois avant son départ
pour Naples, Mère Thouret, répondant aux désirs
des administrateurs de l'hôpital de Thonon, en-
voyait dans cette ville quatre Sœurs pour un hospice et une école. C'était Sœur Basile Prince pour
la direction générale et la pharmacie, Sœur Jose-
phine Chamotton pour l'école, les Sœurs Angé-

lique Hugon et Eulalie Jambelet pour le soin des pauvres, à l'hospice et à domicile. La ferveur et le zèle des religieuses dans ce premier établissement les rendirent très populaires. Sincèrement attachées à la Vénérée Fondatrice, Sœur Basile Prince et ses Sœurs lui furent toujours des filles de consolation. Au sein des difficultés qui suivirent l'approbation de la Règle (1819), une lettre de Thonon fut pour la Mère angoissée « l'arc-en-ciel entre deux nuages ».

C'est à Thonon, hélas ! que notre Bienheureuse apprit, le 12 septembre 1821, l'interdit porté contre elle par Mgr de Pressigny. C'est là que Sœur Elisabeth Bouvard, restée fidèle, vint la rejoindre ; là qu'elle rencontra l'abbé Neyre, alors curé du lieu, son précieux auxiliaire pour ses œuvres en Savoie et qui, dès cette époque, l'engageait fortement à fonder un Noviciat dans le diocèse d'Annecy ; là, enfin, que le curé de Saint-Paul vint lui demander des religieuses pour sa paroisse.

Lors de son voyage à Paris en 1819, Mère Thouret, s'étant arrêtée à Bourg, y trouva, pour cette nouvelle fondation la religieuse de son choix : Sœur Victoire Bartholemot. En l'envoyant à Saint-Paul, la bonne Mère l'embrassa et lui dit : « Ma chère Victoire, je compte sur vous pour fonder cette Maison en Savoie, la seconde que nous y aurons ; allez avec confiance, ma fille, le bon Dieu bénira les sacrifices que vous avez

déjà faits et que vous ferez encore pour le bien
de notre cher Institut ». Reçue avec enthousiasme à St-Paul, en septembre 1821, l'éminente
religieuse devait y réaliser son nom prophé-
tique et marcher de « victoire en victoire ». La
Maison était sans ressource, mais on ne se confie
pas en vain en la Providence. Dès 1822, Sœur
Victoire pouvait organiser à Saint-Paul un pensionnat qui fut prospère. Puis, soutenue par le
bon abbé Neyre, elle obtint de Mgr de Thiollaz,
évêque d'Annecy l'autorisation de fonder le
Noviciat. Maîtresse des Novices, Mère Victoire
forma des religieuses réalisant l'idéal de la Sœur
de Charité. Et Dieu bénissait l'œuvre naissante :
une lettre de l'abbé Neyre nous apprend
qu'en 1824 « Saint-Paul comptait 30 pensionnaires et 6 novices ».

II.

ÉRECTION DE LA PROVINCE DE SAVOIE

Les progrès de la Congrégation en Savoie ne
devaient pas s'arrêter là. En 1824, un nouvel
établissement est créé à Boëge ; d'autres sont en
projet. Le dévoué protecteur des Filles de la
Mère Thouret entrevoit le développement de
l'Institut dans les diocèses d'Annecy et de Chambéry. Or, à cette époque, les relations entre
Naples et la Savoie sont difficiles. L'abbé Neyre

prie donc la Vénérée Fondatrice de nommer une Assistante pour la Savoie et conseille Sœur Victoire qui lui paraît réunir toutes les qualités requises. Notre Bienheureuse ne pouvait qu'obtempérer à ce sage conseil; aussi, le 30 mai 1823, après avoir fait approuver sa décision par Mgr de Thiollaz, elle nommait Sr Victoire « sa représentante en Savoie, dans le Chablais et la Haute-Italie, lui conférant l'autorité d'ouvrir de nouvelles Maisons et de les visiter », bref, la constituant Supérieure Provinciale. La province de Savoie était créée.

Sur ces entrefaites, l'Abbé Neyre, devenu Supérieur du Grand-Séminaire d'Annecy, annonçait à Mère Jeanne-Antide la fondation d'un établissement dans la ville épiscopale. De nombreuses paroisses réclamaient des « Sœurs » pour leurs écoles et leurs malades. Après la mort de la Bienheureuse (1826), Mère Genevière Boucon, qui lui succéda, envoya cette année même des religieuses à Verceil pour un hospice et un pensionnat. La Maison de Verceil devait, quelques années plus tard, devenir Maison Provinciale pour la Haute-Italie.

En 1827, quatre Sœurs sont envoyées à St-Maurice (Valais) avec mission d'ouvrir une école gratuite pour les jeunes filles de la paroisse et un hospice destiné aux nombreux pèlerins qui viennent vénérer les reliques des Saints Martyrs thébéens. En 1828, les Filles de la Mère Thouret sont demandées pour soigner les pauvres aliénés de l'Asile de Bettonet, près Chambéry ; — actuellement. Bassens ; — puis, c'est à Chambéry même qu'elles viennent se dévouer aux vieillards de la Maison de retraite Saint-Benoît.

Mère Victoire ne tarda pas à constater que la situation de St Paul rendait difficile le rayonnement dans la Province. Au retour d'un de ses voyages à Turin, elle songea à transporter sa résidence en un point plus central. La Providence permit qu'elle trouvât, à La Roche-sur-Foron, un domaine qui, après bien des travaux, put réunir les conditions désirables pour une Maison Provinciale. En 1841, la supérieure générale autorisait Mère Victoire à transférer le Noviciat de St Paul dans cette nouvelle résidence. C'est pourquoi les Filles de Mère Thouret sont connues, dans la région surtout, sous le nom de Sœurs de La Roche ».

III.

LES GLOIRES DE LA PROVINCE DE SAVOIE

Dans la Maison de La Roche, comme au berceau de St Paul, Mère Victoire, durant vingt années, déploya un zèle inlassable. Un pensionnat fut fondé qui, à l'époque, était le plus florissant de la région. Au Noviciat, les postulantes arrivaient si nombreuses que, pendant une longue période. La Roche put non seulement subvenir aux besoins des Maisons qui se multipliaient dans la Province, mais encore soutenir celles de l'Italie. Mère Caroline Chambrot, troisième Supérieure générale, venait presque chaque année présider la retraite des Sœurs, et chaque année, à l'issue des Exercices, elle choisissait une colonie de postulantes pour les Noviciats d'Italie.

Cela explique la présence de Religieuses françaises dans plus d'un établissement de la Péninsule. Cela explique surtout pourquoi la Province de Savoie est justement fière d'avoir donné à la Congrégation cinq Supérieures générales sur les huit qui se sont succédé depuis la mort de la Bienheureuse. Ce sont :

Mère Caroline Chambrot, 1861-1880 ;

Mère Marie-Thérèse Vignet, 1880-1885 ;

Mère Marie-Joseph Bocquin, 1885-1893 ;

Mère Léontine Vandel, 1896-1899.

Et la Révérende Supérieure générale actuelle, Mère Anne Lapierre.

A ces gloires de l'Institut, il faudrait ajouter les noms de toute une série d'éminentes religieuses, provinciales, maîtresses des novices ou supérieures locales, qui ont, comme le Maître Divin, « passé en faisant le bien » et

Maison Provinciale des Sœurs de la Charité -- La Roche-sur-Foron (Haute-Savoie)

dont le souvenir reste entouré de vénération. Mais, dans cette notice, nous ne pouvons leur rendre l'hommage qu'elles méritent. Toutefois, il est un nom que nous ne pouvons taire ici, c'est celui de Vénérée Sœur Polyxène Panisset, de Tresserves (Savoie). A elle revient l'honneur d'avoir, la première, contribué au triomphe actuel de notre Bienheureuse. C'est elle qui demanda l'Introduction de la Cause, c'est elle qui obtint, si l'on peut ainsi parler, le premier miracle officiellement reconnu (1).

A elle donc, la reconnaissance émue de toute la Congrégation.

IV.

L'ÉTAT ACTUEL DE LA PROVINCE DE SAVOIE.

La Province, dont le centre est à La Roche-sur-Foron, comprend non seulement les établissements des deux Savoie, mais encore ceux des Alpes-Maritimes, de l'Aisne, de l'Isère, de Seine-et-Marne et de la Suisse française (cantons de Fribourg et du Valais). Elle compte plus de 800 religieuses réparties en 74 Maisons.

Ces établissements sont de deux sortes : Les uns forment de vastes organisations ou plus de

____

(1) Guérison de la jeune Philomène Pantanella, d'Arpino, obtenue à la suite d'une Neuvaine à Mère Jeanne-Antide, conseillée par Sœur Polyxène.

30 ou 40 religieuses se dévouent au soin des membres souffrants de Notre-Seigneur. Tels sont les Etablissements de St Robert (Isère), Moret (Seine-et-Marne), Prémontré (Aisne), Chambéry, Annecy, Nice, etc.

Les autres comprennent un nombre plus restreint de Sœurs occupées soit à l'instruction des jeunes filles dans les écoles, orphelinats, écoles ménagères, patronages, soit à la visite des malades à domicile.

La persécution qui sévit à partir de 1901 porta un rude coup à la Province. Successivement toutes les écoles tenues par les « Sœurs de la Charité » furent fermées. Fermé aussi en 1904, le Pensionnat de La Roche qui, depuis 60 ans, abritait une jeunesse avide de science et de piété. Et, fatal contre-coup, la source des vocations, durant deux ou trois années, semblait tarie.

Mais le triomphe des ennemis de la religion ne saurait être réel et durable. Les Sœurs de la Charité ne reculent devant aucun sacrifice pour faire le bien « quand même ». A St-Maurice (Valais), il est, dans un site charmant, une Maison où de nombreuses jeunes filles reçoivent avec une solide instruction, une éducation profondément chrétienne : c'est le Pensionnat de La Roche en exil. — Et le Noviciat, plus que jamais, ouvre ses portes à une élite d'âmes généreuses et fidèles qui se préparent à continuer l'œuvre de la Bienheureuse Mère Thouret, maintenant « mieux connue et plus aimée ».

Ce court aperçu ne suffit-il pas à prouver que, si la Province de Savoie fut toujours pour sa Fondatrice « cause de joie » et « source de consolations », elle forme maintenant un des joyaux de sa couronne ?

Puisse la Bienheureuse Jeanne-Antide répandre toujours plus abondamment ses maternelles bénédictions sur cette portion choisie de sa grande famille !

VI.

Un programme de vie
Un appel

CHAPITRE SIXIEME

I.

LE PROGRAMME

Pour faire connaître la Congrégation des Sœurs de la Charité sous la protection de saint Vincent de Paul, il ne suffit pas de raconter l'histoire de sa fondation et de ses développements, il faut encore préciser le but qu'elle poursuit et donner un aperçu des Constitutions qui la soutiennent dans l'accomplissement de sa mission providentielle.

Le but poursuivi est double, comme l'indique avec netteté la Bienheureuse fondatrice dans son Introduction générale au livre des Règles et Constitutions « Des personnes distinguées, écrit-elle, considérant combien les malades pauvres, ces précieux membres de Jésus souffrant, sont souvent délaissés dans leurs misères de toutes espèces, au grand détriment de leur salut éternel ; et comme la jeunesse indigente, abandonnée à l'oisiveté et à l'ignorance, s'élève et grandit au milieu des vices odieux qui sont la suite funeste du défaut d'éducation, pour le malheur de la religion et de la société : ont désiré qu'on érigeât une congrégation de filles vertueuses, qui pussent aller au devant de tant de besoins et d'inconvénients et faire uniquement leur état de servir et d'instruire les pauvres.   On a prévu en même temps que, pour obtenir plus sûrement et d'une manière plus constante, les heureux effets d'une si sage institution, il serait nécessaire que les personnes, qui auraient le courage de se dévouer à des œuvres si utiles et si saintes, se séparassent, en quelque sorte, du monde ; qu'elles s'appliquassent spécialement à acquérir les vertus chrétiennes et même les vertus religieuses, sans lesquelles une communauté ne saurait subsister, et qu'elles ne cessassent de tendre à la perfection, vivant à cette fin sous un même régime et observant une même Règle.   La Congrégation des Sœurs de la Charité sous la protection de saint Vincent de Paul a été établie pour seconder les vues si belles et si dignes de la religion et de l'humanité.

Il s'agit donc, tout d'abord, pour les membres de cette Congrégation, de se « dévouer entièrement au service des pauvres. »   Et voici comment la fondatrice concevait ce service :

« La charité chrétienne embrasse tous les temps, tous les lieux et toutes les personnes, sans distinction d'âge, de sexe, ni de condition : elle verse avec une égale bonté ses bienfaits dans les mains suppliantes qui la réclament ouvertement et dans le sein de l'indigence honteuse qu'elle sait découvrir à travers les ombres du silence où elle se tient cachée. Il n'est point d'infirmité à laquelle elle ne compatisse avec sincérité, point de besoin auquel elle ne pourvoie volontiers selon l'étendue de ses facultés et de son pouvoir.

« Animées du zèle qu'inspire cette belle vertu, les Sœurs de la Charité se dévoueront généreusement au soulagement de toutes les classes des pauvres. Elles serviront ceux qui sont malades dans les hôpitaux ou dans leurs propres réduits. Elles instruiront les filles indigentes dans des écoles gratuites érigées à cette fin. Elles élèveront les orphelins et les enfants trouvés. Elles secourront les prisonniers et les pèlerins misérables. Partout elles voleront au devant de l'indigence, de tout leur pouvoir, selon les vues bienfaisantes des fondateurs et des administrations particulières.

« Mais, les services que les Sœurs rendront aux pauvres ne se termineront pas aux besoins temporels ni au soin de la santé du corps : le salut de l'âme, voilà ce qui leur sera surtout cher, et ce qui animera toute l'ardeur de leur zèle, ce à quoi elles s'appliqueront avec prudence, d'une manière constante et infatigable.

« Elles serviront les pauvres avec respect, regardant en leur personne la personne de Jésus-Christ qui, quoique souverain Seigneur

de toutes choses, a bien voulu se faire pauvre
et agréer comme fait à lui-même tout le bien
qu'on ferait en son nom au plus petit des hommes. Pour témoigner ce respect, elles feront la
révérence (forme de salutation en usage à cette
époque) aux pauvres, en les abordant et en les
quittant.

« Elles les serviront avec cordialité, leur
montrant un air de gaîté modeste ; avec charité
et patience, supportant leurs infirmités les plus
dégoûtantes, même leurs railleries, leurs repro-
ches, leurs injures. »

La Mère Thouret se rendait bien compte que,
pour obtenir « plus sûrement et d'une manière
plus constante, les heureux effets d'une si sage
institution », ses filles devraient recourir aux
moyens les plus efficaces de tendre à la perfection. C'est pour atteindre ce résultat secondaire
et pourtant essentiel qu'elle leur demanda, pour
le temps de leur permanence dans la Congrégation, la pratique des saints vœux de pauvreté,
d'obéissance, de chasteté et de dévouement
au service des pauvres, et l'acceptation docile
des prescriptions contenues dans le livre des
Règles et Constitutions approuvées par le Souverain Pontife en 1819.

Ces prescriptions visaient toutes à faciliter
aux Sœurs l'accomplissement des devoirs attachés à leur état. Dans le Discours préliminaire

qu'elle composa pour publier en tête de son
livre, la fondatrice dit à ses filles : « Nous n'a-
vons rien omis dans cet ouvrage de tout ce qui
nous a paru nécessaire pour fixer les rapports
qui doivent exister entre vous toutes, comme
membres de la même famille ou communauté :
— pour diriger votre conduite avec sagesse dans
vos emplois particuliers ; — pour déterminer
vos relations au dehors avec les gens du monde,
spécialement avec les pauvres qui doivent exciter
toujours notre tendre sollicitude ; — pour régler
tellement l'intérieur de nos maisons, que tout y
semble comme nous appeler et nous conduire
à la perfection religieuse, à laquelle il faut que
nous aspirions sans cesse ; — enfin, pour établir
au milieu de nous un ordre, une harmonie qui,
avec le secours de la grâce divine, puissent assu-
rer le succès, l'agrandissement et la perpétuité
de notre Congrégation, pour la gloire de Dieu
et pour le salut des âmes. Vous devez respecter
ces constitutions et ces règles, mes chères
Sœurs ! » — Puis, pour appuyer son invitation,
elle leur expose longuement les avantages que la
parfaite fidélité à ces prescriptions pourra leur
procurer : elle attirera d'abondantes bénédictions sur les œuvres entreprises, assurera une
éminente sainteté aux membres de l'Institut,
contribuera au soulagement de toutes les misères spirituelles et temporelles des pauvres,
apprendra enfin aux gens du monde que la vertu

n'est pas une chimère et qu'il fait bon vivre sous ses lois.

II.

L'APPEL

Depuis plus d'un siècle, il s'est toujours rencontré des âmes généreuses pour comprendre la beauté d'un tel programme de vie et pour répondre à l'appel de la Mère Thouret. Huit mille religieuses pratiquent actuellement sa Règle en Italie, en France, en Suisse, en Belgique, en Angleterre, en Syrie, consumant leur vie en toutes sortes d'œuvres de charité. Mais ce nombre déjà respectable pourtant, est encore insuffisant pour les besoins actuels de la société.

Plus que jamais, dans les hôpitaux, on a besoin de Sœurs de la Charité pour panser les plaies et sécher les larmes de ceux qui souffrent.

Plus que jamais, dans les hospices d'incurables, on a besoin de Sœurs de la Charité pour adoucir les douleurs des infirmes qui attendent, en d'atroces souffrances, la fin d'un martyre qui ne cessera qu'avec leur trépas.

Plus que jamais, dans les asiles d'aliénés, on a besoin de Sœurs de la Charité pour soigner les êtres amoindris qu'ils renferment et les empêcher de vivre comme de vils animaux.

Plus que jamais, dans les refuges de repenties, on a besoin de Sœurs de la Charité pour travailler à purifier devant Dieu et à réhabiliter devant les hommes les pauvres créatures qui ont traîné leur innocence dans la boue et vendu leur vertu dans la rue.

Plus que jamais, dans les asiles de vieillards, on a besoin de Sœurs de la Charité qui, par leurs soins délicats, adoucissent les amertumes qu'entraînent avec elles les infirmités de la vieillesse.

Plus que jamais, dans les orphelinats, on a besoin de Sœurs de la Charité qui remplissent le rôle de mères auprès de pauvres petits qui ont perdu la leur.

Plus que jamais, dans les écoles, on a besoin de Sœurs de la Charité pour donner aux enfants l'éducation chrétienne qu'ils ne peuvent recevoir ni dans leur famille, ni dans les écoles officielles.

Plus que jamais, dans les instituts ménagers, on a besoin de Sœurs de la Charité, pour apprendre aux jeunes filles cet art si nécessaire de diriger et tenir une maison.

Plus que jamais, dans les paroisses, on a besoin de Sœurs de la Charité, pour enseigner aux petits enfants les éléments du catéchisme et les préparer à la communion.

Plus que jamais, dans le monde, on a besoin de Sœurs de la Charité, qui opposent leur vie pauvre à la passion exagérée des hommes pour les richesses, leur vie pure et chaste au luxe et au sensualisme effréné de la société actuelle, leur vie humble et obéissante à l'orgueil et à l'esprit d'indépendance de la plupart des hommes, leur vie de dévouement à l'égoïsme universel, et qui prêchent ainsi de la façon la plus efficace les vertus indispensables à l'humanité pour vivre et parvenir à sa fin.

Il y a quelques années, deux missionnaires, venus d'Amérique en Angleterre, avaient **loué** un immense hall afin de parler aux foules. Un jour, plus de quinze mille personnes étaient venues les entendre.

Un des orateurs annonça que tous ceux qui sentaient le désir de venir à Dieu devaient descendre dans l'arène. Puis, il dit d'une voix claironnante : « Qui veut venir à Dieu ? »

Après un long et impressionnant silence, on entendit tout à coup un grand cri : « Je veux ! » Et immédiatement, de tous côtés, le même **cri** se répéta : « Je veux ! Je veux ! Je veux ! »

Et, pendant que tous ceux **qui** avaient répondu descendaient lentement les longs escaliers vers l'arène, les missionnaires continuaient à appeler : « Qui veut venir à Dieu ? » Et l'on entendait sans cesse la même réponse : « Je veux ! Je veux ! Je veux ! »

Cette question, nous la posons maintenant aux jeunes filles qui ont bien voulu parcourir

la présente notice : « Qui veut venir à Dieu,
pour le servir dans la personne des enfants,
des orphelins, des pauvres, des malades, des
vieillards, des infirmes ? »

A vrai dire, elles sont nombreuses, celles qui
ont déjà entendu pareille invitation au fond de
leur conscience. Dieu lui-même leur a dit :
« Viens, laisse tout pour venir à moi. » Mais, Il
leur a laissé toute liberté pour répondre à son
appel. Il ne veut que des volontaires, c'est-à-
dire des personnes qui se donnent à lui libre-
ment et qui sachent ensuite lui rester généreusement dévouées.

Seigneur Jésus, faites-en germer de ces volontaires à l'esprit vraiment chrétien et compre-
nant la nature et la nécessité du dévouement aux
malheureux, au cœur assez noble pour s'y vouer
entièrement, dans l'Institut de la Mère Thouret.
Il en existe déjà beaucoup. Mais leur nombre
doit doubler, tripler, décupler.

Qui donc va s'offrir ? On peut trouver des
tâches moins nobles auxquelles se consacrer. De
plus saintes, de plus glorieuses, de plus urgen-
tes, il n'en est point.

Jeunes lectrices, répondez : « Je veux ! »

Ouvrages à consulter :

La Mère Thouret. *fondatrice des Sœurs de la Charité, sous la protection de Saint Vincent de Paul.* par l'abbé Henry CALMAT, Rome, imprimerie du Vatican, 1892.

Vie populaire de la vénérable Jeanne-Antide Thouret, par l'abbé Lucien POUX. Besançon, 1905.

TABLE DES MATIERES

IMPRIMERIE COMMERCIALE D'ANNECY

www.ingramcontent.com/pod-product-compliance
Ingram Content Group UK Ltd.
Pitfield, Milton Keynes, MK11 3LW, UK
UKHW031845170726
13836UKWH00004B/1896